PLANET HEIMAT

KOMMEN WIR DAHER?

ODER GEHEN WIR DAHIN?

24

HERAUSGEBER
Sommerblut Kulturfestival e.V.
und Gregor Leschig

REDAKTION
Gregor Leschig

GESTALTUNG
Alex Ketzer

FOTOS
MEYER ORIGINALS

HERSTELLUNG UND VERLAG
BoD – Books on Demand, Norderstedt

ISBN
978-3-7460-8089-5

BIBLIOGRAFISCHE INFORMATION DER DEUTSCHEN NATIONALBIBLIOTHEK:
Die Deutsche Nationalbibliothek verzeichnet diese Publikation in der Deutschen Nationalbibliografie; detaillierte bibliografische Daten sind im Internet über http://dnb.dnb.de abrufbar.

© 2017
Alle Rechte bei Sommerblut Kulturfestival e.V.

Planet Heimat

Kommen wir daher?
Oder gehen wir dahin?

Szenen, Monologe, Gedichte

Inhaltsverzeichnis

1.
Vorwort

Im Mai 2017 kam es im Rahmen des Sommerblut Kulturfestivals auf dem Gelände des ›Freistaates für Kultur – Odonien‹ in Köln zu einer bemerkenswerten Aufführung. Über 20 Menschen hatten sich zusammengefunden, um gemeinsam über die Bedeutung von Heimat nachzudenken und ihren Überlegungen und Empfindungen theatralisch Ausdruck zu geben. Diese Menschen waren junge Flüchtlinge aus Syrien, Jordanien, dem Irak, dem Iran, Afghanistan und Kurdistan sowie ›Einheimische‹ – Theaterschaffende und Laien mit Interesse am Theater aus Köln. Moritz Heitmeier und John Berkemeyer waren die Ideengeber zu diesem integrativen Vorhaben, der Sommerblut Kulturfestival e.V. der Produzent und ich hatte gerne die künstlerische Leitung übernommen. Bereits im Oktober 2016 hatten wir in regelmäßigen Treffen damit begonnen die individuelle Bedeutung, die Heimat für einen jeden von uns hat, heraus zu arbeiten und szenisch zu fassen.. Um den teilnehmenden jungen Flüchtlingen Perspektive und Zuversicht zu geben, setzte ich bewusst auf den zukunftsweisenden Aspekt bei der Beschäftigung mit diesem vielschichtigen Thema. Nicht der stattgefundene Verlust von Heimat sollte im Vordergrund stehen sondern die mögliche Perspektive in einem neuen Land. Dies formulierte sich in den Eingangsfragen, die alle Teilnehmer*innen beantworten mussten: »Was brauchst Du, um Dich zu Hause zu fühlen?«, »Heimat ist für mich....?«. Dieser nach vorne gewandte Blick konnte von ›Einheimischen‹ wie von ›Zugewanderten‹ gleichermaßen beantwortet werden und eröffnete den Raum für eigene Gefühle, für Kreativität, Humor und Gelassenheit.

Planet Heimat arbeitete als offener Workshop. Wer sich darauf einließ, war aufgefordert sich szenische Entwürfe und Texte zum gegebenen Thema auszudenken. Diese wurden dem gesamten Team vorgespielt und nach dessen Rückmeldungen weiter entwickelt. Grundsätzlich wurde ein/e jede/r darin bestärkt, an seinen/ihren eigenen Ideen festzuhalten und diese weiter zu entwickeln. Ideen wurden erst dann verworfen, wenn die Person, die sie eingebracht hatte, sie selbst nicht mehr weiterverfolgen wollte. Ohne Vorgabe von meiner Seite wurde überraschender Weise schnell an unterschiedlichen Genres der darstellenden Künste gearbeitet: Drama, Monolog/Gedicht, Hörspiel und performance-artigen Darstellungen. Und trotz der Ernsthaftigkeit des Themas gab es schnell auch witzige und humorvolle Ausarbeitungen. So fand dann auch Comedy ihren Platz in unserem Projekt und trug wesentlich zu einer entspannten und guten

Arbeitsatmosphäre bei. Die entstandene vertrauensvolle Stimmung - die Flüchtlinge wurden nicht auf ihre Verlust- und Fluchterfahrungen reduziert und wir konnten miteinander lachen - machte in der Folge auch Ausarbeitungen möglich, die Verlust und Heimatvertreibung, Flucht- und Kriegserfahrungen zum Thema hatten.

Ideen und Texte verfassten die Geflüchteten zunächst in ihrer Muttersprache. In Zusammenarbeit mit deutschsprachigen Teilnehmer*innen wurden diese dann in die deutsche Sprache übertragen. Dies war ein langwieriger aber spannender Prozess, da hier nicht nur die sprachlichen sondern auch die kulturellen Unterschiede sichtbar wurden. Die arabische Sprache ist sehr bildhaft und reich an Metaphern, die im Deutschen ungewohnt wenn nicht sogar sinnlos erscheinen. Beim Übersetzen hieß es also, den Sinn zu übertragen und Kontexte zu erzeugen, ohne die beeindruckende Bildhaftigkeit zu minimieren.

Aus den eingebrachten Ideen in ihren unterschiedlichen Genres stellte sich schnell ein Raster für die Aufführung heraus. Die Ausarbeitungen wurden auf dem Gelände des Freistaates für Kultur - Odonien, einem ehemaligen Betriebsgelände der deutschen Bahn, gemäß ihrer Kategorie ›Comedy/Komödie‹, ›Drama‹, ›Performance‹ u.a. unterschiedlichen Räumen zugeordnet. Die ›heimatorientierte Namensgebung‹ der unterschiedlichen Bühnen verweist auf das jeweils zugrunde liegende Genre. Die Struktur dieses Buches greift die räumliche und genretypische Zuordnung auf. Auf der jeweils rechten Seite sind die von den Teilnehmer*innen entwickelten Texte abgedruckt. Die Namen der Autoren stehen jeweils direkt darunter.

Die zentrale Frage des Projektes »Heimat ist für mich...?« wurde dann auch den Besuchern der Aufführungen und am Projekt interessierten Menschen vorgelegt. Auf der jeweils linken Seite des Buches stehen diese Rückmeldungen in denen auch die Eingangsstatements der Projektteilnehmer*innen enthalten sind.

Da nach meiner und der Ansicht des Herausgebers die Texte Gültigkeit über das Projekt hinaus behalten, haben wir sie hier zu einem Buch zusammengefasst. Sie sollen anregen, die eigenen Vorstellungen über Heimat zu überdenken und zu erweitern. Bewusst greifen wir damit auch in den aktuellen Diskurs zu den Themen ›Heimat‹ und ›Leitkultur‹ ein. Wir möchten dazu beitragen, dass die individuelle Bedeutung, die Heimat für einen jeden von uns hat, wieder stärker berücksichtigt wird. Aufgabe der Politik und des staatlichen Handelns muss es aus unserer Sicht sein, diese individuellen Vorstellungen wahrzunehmen und zu schützen. Dies unabhängig davon, ob es sich um ›Einheimische‹ oder ›Zugewanderte‹ handelt. Eine obsolete ›Leitkultur-Diskussion‹ führt zu falscher Vereinheitlichung, die in der Folge anders denkende und anders fühlende Menschen ausschließt. Das Buch ist aus unserer Sicht ein schöner Beleg dafür, dass die unterschiedlichen Vorstellungen von Heimat nicht so weit von einander entfernt und gut miteinander kompatibel sind. Das Buch ist aber auch – und dies vielleicht vor allem anderen – ein Theaterbuch. Es soll anregen, die Texte und Stücke aufzugreifen und an anderer Stelle zur Aufführung zu bringen. Die Aufführungsrechte liegen beim Sommerblut Kulturfestival e.V.

Nicht ohne Grund entstand Planet Heimat durch den Sommerblut Kulturfestival e.V.. Das Kölner Kulturfestival denkt gesellschaftliche Entwicklungen voraus und lebt die Vision der kulturellen Teilhabe für alle Menschen, unabhängig von körperlicher oder geistiger Behinderung, ethnischer und sozialer Herkunft, Alter, sexueller Identität, Geschlecht und Religion. Sommerblut berührt mit seinen experimentellen Arbeiten immer wieder die Zuschauer und bringt sie auf sinnliche Art und Weise zum Nachdenken über aktuelle gesellschaftliche Herausforderungen. Gerne arbeite ich daher schon seit mehreren Jahren mit diesem wichtigen Impulsgeber zusammen.

Es bleibt Dank zu sagen an alle die sich das Projekt erdacht, ins Rollen gebracht, unterstützt und letztlich durchgeführt haben. Alle, denen unser Dank gilt, haben wir am Ende des Buches aufgeführt. Für mich als Regisseur und künstlerischer Leiter war es in theatralischer und menschlicher Hinsicht eine ungemein bereichernde Erfahrung. Es hat mich sehr glücklich gemacht, dass viele Teilnehmer*innen unser Projekt selbst am Ende als Heimat wahrgenommen haben. Nicht zuletzt sind dadurch auch stabile Beziehungen zwischen ›Einheimischen‹ und ›Zugewanderten‹ entstanden.

Texte und Buch sind auch eine Hommage an den deutschen Autor Walter Kempowski. In Opposition zu seiner Sozialisation im Dritten Reich und in der DDR öffnete er in seinen Werken den Raum für die Stimmen ›einfacher‹ Menschen und half ihnen damit, gehört zu werden. ¶

GREGOR LESCHIG
JANUAR 2018

2.

Einblick in die Entstehung

»Was ist für dich Heimat?« Das war die erste Frage mit der Regisseur Gregor Leschig alle Teilnehmer im Theaterworkshop Planet Heimat willkommen geheißen hat. Eine auf den ersten Blick so simple Frage, die bei längeren Überlegungen umso komplexer wird. Dass jeder eine andere Auffassung des Begriffs hat, zeigen allein die unterschiedlichen Antworten: »Heimat ist für mich, wenn ich das Meer sehen kann«, war meine erste Assoziation und ich denke dabei an das Meer hinter dem Haus meiner Großeltern in Griechenland. »Kein Krieg, Frieden und bestimmt Liebe«, sagt Saaid aus Syrien. »Freiheit für die jesidischen Menschen – Freiheit ist meine Heimat«, antwortet Sieno aus dem Irak. Welten treffen hier aufeinander. Meine Welt der ›Daheimgebliebenen‹, die mit Krieg und dem Terror des IS nur durch die Medien in Kontakt gekommen ist, trifft auf die Welt junger Menschen, die Leid und Flucht am eigenen Leib und durch ihre Familien erfahren haben. Im Heimatchor werden die Antworten aller Teilnehmer festgehalten – das Herzstück der Theaterperformance im Kölner Odonien. Im Laufe der letzten Monate sind während der Improvisationsproben eine Vielzahl von Ideen durch die Teilnehmer entstanden. Gregor Leschig fasst die größten Herausforderungen als Regisseur eines solchen offenen Projekts zusammen:

»Man muss versuchen, den Prozess zu steuern, die Ideen aufzugreifen und auszuarbeiten, sodass sie eine Klarheit und Nachvollziehbarkeit für's Publikum bekommen. Reaktionen wie ›Ach, die netten Flüchtlinge‹, ein Eindruck von Laientheater, sollen nicht entstehen, sondern eine spielerische Qualität, bei der der Zuschauer auch interpretieren kann.«

KOMMEN WIR DAHER? ODER GEHEN WIR DAHIN?

Ergeben hat sich so eine Breite an Darstellungsformen, die die Pluralität der Teilnehmer widerspiegelt. Sie kommen aus acht verschiedenen Ländern: Syrien, Iran, Irak, Afghanistan, Ukraine, Spanien, Griechenland und Deutschland. Die einen nähern sich dem Heimatbegriff mit dramatischen Stücken, politischen Reden und Gedichten. Andere verarbeiten ihre Erfahrungen und Erinnerungen mit Komödien, Musik und anderen akustischen Elementen. Eines haben die Szenen jedoch alle gemein: Sie sind aus der Kreativität der Teilnehmer entstanden, aus den Erlebnissen ihrer Familien und Freunde, aus ihren Wünschen und Anliegen für eine Welt ohne Krieg und Ausgrenzung. Den Zuschauer erwarten viele Stationen und interaktive Momente auf dem Gelände von Odonien – eine Reise durch den ›Planet Heimat‹, zu dem jeder erst Zutritt nach einer Grenzkontrolle erlangt.

Das Projekt vereint Kultur und Gesellschaftsentwicklung – ein sogenanntes »Empowerment« für die Teilnehmer, so Leschig. Insbesondere für die Zusammenarbeit mit den Geflüchteten ist ihm das wichtig:

> *»Sie sollen sich hier gestärkt fühlen. Im ganz simplen Sinne: ihre Stimme finden, die sie zu Hause vielleicht nicht nutzen durften. Dass sie das Gefühl kriegen ›Ich kann hier Sachen machen und reden, ohne dass jemand schräg guckt, ohne dass ich in den Knast wandern muss.‹ Dass sie Mut gewinnen, sich zu zeigen und ihre Anliegen nach vorne zu tragen. Und wenn sie vielleicht eines Tages zurück können, sich dort einbringen, um die Zivilgesellschaft aufzubauen mit dem Gedanken ›Ich kann das. Ich darf das.‹«*

MÖGLICHKEIT ZUM AUSTAUSCH

Die Teilnehmer, ob mit oder ohne Fluchterfahrung, haben in den vergangenen Monaten durch die gemeinsame Arbeit einiges voneinander gelernt. Als Teil des Projekts beobachte ich erstaunliche Fortschritte. Vielfache Verständigungsschwierigkeiten haben uns für kulturelle und sprachliche Eigenheiten sensibilisiert. Orient trifft wortwörtlich auf Okzident. So kommt man zum Beispiel in den Genuss einem Duett zwischen dem Gesang von Sabine Paas »Kein schöner Land in dieser Zeit« und Taher Majidis kurdischem Heimatlied zu lauschen. Was der eine auf Deutsch nicht versteht, wird prompt auf vier unterschiedlichen Sprachen durch den Raum diskutiert. Die Verbesserung der Deutschkenntnisse konnte ich von Woche zu Woche miterleben: Ein Ergebnis der Ausgestaltung ihrer künstlerischen Ideen in deutscher Sprache und zudem des simplen Faktums, auch außerhalb der Deutschkurse mit Muttersprachlern sprechen zu können. In ihrer Freizeit in engeren Kontakt mit Deutschen zu kommen, sei sehr schwierig, wurde mir von vielen Geflüchteten mitgeteilt. Eine Tatsache, die mich betrübt, wenn ich diese interessierten und herzlichen Menschen vor mir stehen sehe – und die den langen Weg zeigt, den wir noch zu gehen haben für ein offenes, integratives Deutschland.

Umso schöner ist es dann an einem Projekt wie »Planet Heimat« teilzuhaben, dass die Möglichkeit zum Austausch gibt – zwischen Geflüchteten und Daheimgebliebenen, zwischen Alt und Jung, zwischen Gleich- und Andersdenkenden. Die zeitintensiven und für die Schauspieler unentgeltlichen Proben fordern viel Ausdauer und Motivation, aber haben das Team zu einer Art Großfamilie zusammengeschweißt. Die Treffen lassen sich inzwischen selbst nach einem langen Probentag kaum auflösen, wenn am Ende noch kurdisch getanzt und gesungen wird, Videos auf Smartphones geschaut oder kleine Lehreinheiten auf Kurdisch, Arabisch oder Griechisch gegeben werden. Auf der Suche nach »Heimat« ist das Projekt inzwischen selbst zu einem Stück Heimat geworden. ¶

ALEXANDRA VAVELIDOU
APRIL 2017

PLANET HEIMAT

PLANET

3li. ←

Heimat ist
für mich...

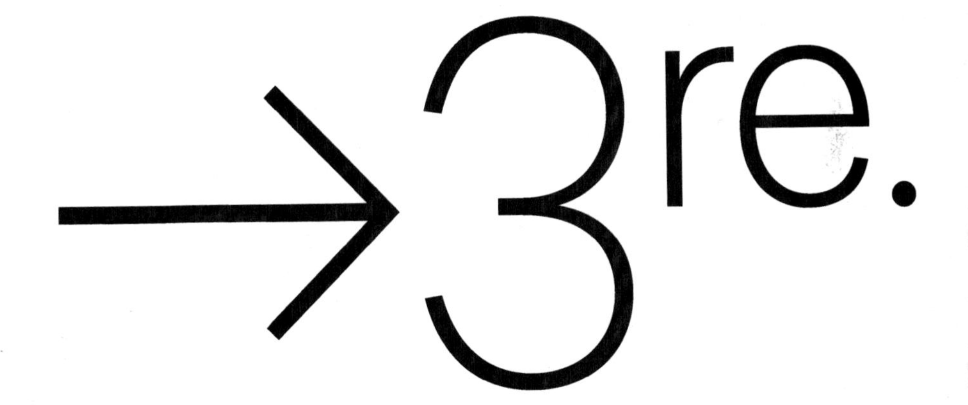

Planet Heimat – Das Stück

HEIMAT

HEIMAT IST

FÜR MICH…

- jeden Tag Fahrrad zu fahren
- Musik zu spielen mit meiner Familie im Iran
- viele Bücher zu lesen
- nach der Arbeit Fernsehen zu schauen
- zusammen mit meinem Team nachmittags im Theater eine Komödie anzuschauen,
- am Wochenende in die Berge wandern zu gehen.

Jalal, *1976, Iran

… wenn ich mich nicht verstellen muss!

Clara, *1989, Deutschland

I need more culture, art, music, sport, nature around me. I mean there should be given importance to creativity and people should not be bound to produce more and more unuseful stuff that is more and more thrown away. In my ideal people would exchange services among themselves on a time basis and every ones time is equivalent to the others thus implementing reciprocal respect. In this way there's no way to be judged for your profession or how much money you have and the people are free to develop their talents for a better society.

Antonino, *1992, Italien

1. EINREISE

Ein großes schäbiges Zelt am Einlass zum Veranstaltungsgelände. Darin verteilt einfache Schreibtische mit jeweils einem Stuhl. An den Schreibtischen befinden sich die Darsteller als Grenzbeamte: Security, Pass- und Visakontrolleure, Dolmetscher, Passbild-Fotografen. Die Zuschauer werden ins Zelt eingelassen. Dann werden jeweils einzelne Zuschauer von der Security aus der Menge heraus zu den Schreibtischen geführt, auf Waffen abgetastet und dann dem Kontrolleur vorgeführt.

Security: *Hierhin stellen.*

Der Zuschauer wird vom Kontrolleur auf arabisch/persisch/kurdisch befragt. Wenn er nicht versteht, was von ihm gewollt wird, wird der Dolmetscher herein gerufen. Dieser übersetzt die Fragen vom Kontrolleur und übersetzt die Antworten.

Kontrolleur: *Warum kommst du in unser Land?*

(nach jeder Frage Dolmetscher/Zuschauer/Dolmetscher)

Kontrolleur: *Warum gehst du nicht in ein anderes Land?*

Kontrolleur: *Möchtest du hier bleiben?*

Kontrolleur: *Wenn Du bleiben willst: Wir haben Gesetze hier. Die musst du befolgen. OK?*

Kontrolleur: *1. Du musst unsere Sprache lernen – arabisch! OK?*

Kontrolleur: *2. Du musst unsere Kultur verstehen. Wie wir leben und was wir machen. OK?*

Kontrolleur: *3. Wenn du eine Unterkunft suchst, kannst du an jeder Tür klopfen. Hier gibt dir jeder Einwohner für drei Tage und drei Nächte Unterkunft und Verpflegung. Verstanden?*

Kontrolleur: *4. Wir trinken hier Kaffee ohne Milch und ohne Zucker! Nur mit Kardamon. Verstanden?*

FÜR MICH...

... wie ein Kaleidoskop, wenn deine Wurzeln getrennt sind und vielfältig. Wo kannst du dich besser fühlen als in der Welt?
... wandern auf Wegen und Leute treffen, die deinen Horizont einreißen und neu aufbauen. Tanz deine Heimat, Bruder.

Saltani, *1979, Frankreich/
West-Marokko

- wenn ich alles im Radio und im Fernsehen verstehen kann,
- wenn ich mit Freunden im Pyjama chillen kann,
- Fischgerichte, die von meiner Oma oder meinem Papa gekocht sind,
- abends ganz spät und müde nach Hause kommen und mein Lieblingsessen im Ofen finden – extra für mich vorbereitet,
- mein Hund, der immer aufgeregt ist, mich zu sehen,
- Backstage eines Theaters,
- der Geruch wenn es sehr kalt und neblig ist.

Je mehr ich daran denke, desto weniger sicher bin ich, was Heimat bedeutet.

Maria, *1995, Spanien

Kontrolleur: *Wir müssen dich untersuchen und prüfen, ob du hier bleiben kannst. Gib mir dein Ticket.*

(nimmt Ticket von Zuschauer, gibt Daten in Laptop ein)

Kontrolleur: *Wir brauchen noch ein Foto.*

(winkt Fotografen heran oder lässt die Security-Person das Foto machen. Wenn die Prozedur vorbei ist gibt der Kontrolleur das Ticket zurück).

Kontrolleur: *Du darfst zwei Stunden hier bleiben.*

(Wenn der Zuschauer diskutieren möchte, lässt sich der Kontrolleur nicht darauf ein)

Security: *Und jetzt raus hier!*

(Security-Person führt den Zuschauer zur Seite und holt einen neuen Zuschauer herbei. Die Prozedur wird wiederholt.)

An anderen Stellen werden vereinzelt Fragebögen oder Lagekarten von PLANET HEIMAT ausgegeben. Zu einem gegebenen Zeitpunkt:

Ansager: (mit Megaphon) *Wir bitten um Verständnis, dass wir hier die Aufenthaltserlaubnis als den bedeutendsten Teil des Menschen ansehen. Wie sie sich leicht vorstellen können, kommt eine Aufenthaltserlaubnis nicht so einfach zustande wie ein Mensch. Ein Mensch kann überall entstehen – ungeplant, ohne Genehmigung und allein aus leichtsinnigen Gründen. Eine Aufenthaltsgenehmigung dagegen niemals. Daher wird die Aufenthaltsgenehmigung hier anerkannt, der Mensch an sich aber nicht. Wir danken für ihr Verständnis.*

Ich komme von sehr weit her. Ich werde eine bessere Zukunft haben. Ich möchte in Deutschland bleiben und ich möchte eine Ausbildung zum Krankenpfleger machen. Aber erst einmal möchte ich viel mehr deutsch lernen. Dann brauche ich Arbeit. Ich werde mir in einer ruhigen Stadt eine Wohnung von 40 bis 50 qm kaufen. Wenn ich eine Wohnung habe, dann kommt meine Freundin und wir essen und trinken zusammen. Dann möchte ich ein neues Auto und viel Geld. Und dann möchte ich heiraten in Deutschland.

Bablou, 🚹, *1997, Bangladesch

... meine Mutter!

Raphael, 🚹, *1986, angeborener Schweizer

2. HEIMATCHOR AN DER GRÜNEN GRENZE

An einer abgelegenen Stelle des Geländes. Alle Darsteller*innen wirken mit. Jede Darsteller*in wählt sich aus den nebenstehenden Texten ›Heimat ist für mich...‹ jeweils einen Satz. Wenn das Publikum anwesend ist kommen die Darsteller*innen langsam und nacheinander aus dem Nirgendwo auf die Zuschauer zu und stellen sich in einer Reihe vor die Zuschauer. Von links beginnend, sagt ein/e jede/r seinen Satz. Bei der zweiten und dritten Wiederholung werden die Darsteller*innen immer aggressiver. Schließlich fallen sie sich lautstark ins Wort. Sie bilden ein Menschenknäuel und beschimpfen sich lautstark mit ihrem jeweiligen Satz. Auf ein Zeichen hin hören sie damit auf und bilden wieder eine Reihe vor dem Publikum. Wiederum von links beginnend wiederholen sie nacheinander ihre Sätze. Diesmal werden sie aber mit jeder Wiederholung freundlicher und verbindlicher. Nach der dritten Wiederholung gehen die Darsteller*innen zwischen die Zuschauer. Sie schütteln die Hände der Zuschauer und sagen dabei in freundlicher und verbindlicher Art und Weise ihren jeweiligen Satz. Dann verschwinden sie. Das Publikum ist ab hier auf sich allein gestellt, die unterschiedlichen Veranstaltungsorte aufzusuchen.

- Kieferwälder,
- große Städte bei Nacht und im Regen,
- Menschen mit Humor,
- meine Kinder und meine Frau,
- keine Existenzsorgen zu haben,
- Sonntag-Morgens in Ruhe eine Tasse Tee trinken zu können,
- Wasser, Strom, Heizung,
- nicht zu viele Menschen, über die ich mich ärgere,
- dass ich wählen gehen kann,
- dass ich gestalten kann,
- dass ich in den Institutionen Menschen finde, mit denen ich reden kann,
- dass ich Theater machen kann,
- dass ich ungewöhnliche Dinge tun kann und dass das Ungewöhnliche nicht als befremdlich angesehen wird,
- dass ich mit Menschen lebe, die verstehen, dass Dinge sich verändern,
- dass man Lösungen findet und nicht nur die Probleme sieht.

Gregor, *1958, West-Berlin

Unbekannt, *1977, United Kingdom

3. VOLKSPARK ›WOHL UNTER LINDEN‹

An einem geeigneten Ort brennt ein großes Lagerfeuer. Darum stehen ein paar alte Baumstümpfe oder alte Campingstühle. Die Darsteller*innen und die Zuschauer stehen oder sitzen um das Feuer herum. Wer Darsteller*in und wer Zuschauer*in ist, ist für das Publikum nicht erkennbar. Die Texte werden von den Darsteller*innen unvermittelt und ohne An- oder Abmoderation vorgetragen.

Als ich dich gesehen habe,
fing mein Herz zu rasen an.
Mein Herz ist für dich entflammt.
Mein Herz sagt: Ich liebe dich über alles, Leila.
Leila, du bringst Licht in mein Leben,
du bist der Mond für mich,
durch dich wird meine Nacht zum Tage.
Und Leilas Kopf fragt Leilas Herz:
Seit wann liebt er mich?
Ich sage dir: Seit ich dich zum ersten Mal gesehen habe.
Zuerst habe ich mich in deine Augen verliebt.
Dein Haus ist in meinem Herzen gebaut.
Es ist hoch und groß und seine Mauern sind aus Liebe.
Auf mein Bett habe ich mit roten Blumen
deinen Namen geschrieben, Leila.
Aus deinem Auge trifft mich ein Pfeil mitten ins Herz.
Deine Augen haben mein Herz gestohlen –
und meinen Blick verzaubert.
Das Flüstern deiner Stimme hat mich mitgenommen.
Mit wahrer Liebe, Leila, hast du mein Herz
und meine Seele geheilt.
Durch dich habe ich all meine Wunden vergessen.
Wenn ich dir meine Seele schenke,
ist das noch nicht genug, Leila.
Ich wünsche mir, dass du meine Frau wirst,
dass wir heiraten –
und dass du unter den Jungfrauen im Paradies
meine Königin bist. ❡

≣ **Yaroub Jabrur**

HEIMAT IST FÜR MICH…

- Berge, Flüsse und Sonnenschein,
- Familie und Freunde,
- Sommerregen,
- Individualität und Vielfalt
- Geborgenheit,
- Liebe,
- glücklich sein!

Unbekannt, 🚹, *1990, Deutschland

… Europa, meine Wohnung, Tiere, Freunde, Familie.

André, 🚹, *1984, Deutschland

… Mit Menschen zusammen sein, die ich liebe.

Carolin, 🚺, *1974, Deutschland

- ein Spaziergang durch die Weinberge wenn die Trauben reif sind
- der Rhein
- wenn meine Mutter eins unserer Lieblingsessen kocht & wir alle zusammen am Tisch sitzen & essen
- ein bekanntes Gesicht sehen

Unbekannt

Syriens Hauptstadt ist eine der ältesten Städte der Welt. Sie ist nach Aleppo die größte Stadt Syriens und beheimatet die meisten Museen des Landes. Sie wird auch Jasmin-Stadt genannt, weil man überall Jasmin findet. Vor ungefähr sechs Jahren hat die Dunkelheit Damaskus überdeckt, ein schwerer Krieg begann. Der Krieg nahm jegliche Menschlichkeit und zerstörte alles. Seit sechs Jahren überdeckt eine schwarze Wolke mein Land. Der Regen der Wolke ist kein Wasser, sondern Blut. Der Jasmin ist verwelkt. Er riecht nach Krieg und Blut. In meinem Land ist die Menschlichkeit tot. Waffen und Blut bestimmen das Leben.

Betet für Syrien. ❡

≣ **Majd Alkhouri**

In einem Land / Sah ich zwanzig Leichen auf einem Friedhof / Ich sah, wie Menschen Finger aßen und / sich an Tränen betranken / Und wie alle Wärme aus den Herbergen entwich / Ich sah, wie Tausende Tote und Verwundete / jahrelang in den Straßen lagen / Und Straßen, in denen sich Obdachlose drängten / Und millionenfache Vergewaltigung / In einem Land / Sah ich sieben Männer, die mit den Kleidern / einer Frau Unzucht trieben / Sie hat einen kleinen Jungen und ein 20jähriges Mädchen / Zu ihrer Linken wird der Sohn ermordet / Zu ihrer Rechten wird die Tochter vergewaltigt / Ich sah Arabischsein als Bestrafung / Und Gebet als Unglauben / Und Sieg als Niederlage / In einem Land / Sah ich, wie jemand getötet wurde, / Ein anderer entführt und verlassen / Ich habe alles gesehen – / Doch Gottes Gnade sah ich nicht ❡

≣ **Nekola Özbey**

1.

Wir kamen zur Welt und fanden Trauer.
Seit wir klein waren, haben wir mehr Leid als Glück erlebt,
in einer verwundeten Heimat.
Der erste Stich traf deinen Schoß, verwundete die Stadt Hama.*
Mehr als 30 Jahre sind vergangen, und der Stich ist
immer noch da.
Hama, unsere Mutter,
statt mit Milch hast du uns mit Leid, Elend und Trauer gestillt.
Die Heimat ist zu einem Schiff geworden.
Zahlreiche Waisenkinder befinden sich auf diesem Schiff.

Und der Kapitän ist ein Schlachter.
Und das Schiff ist voller Gefängnisse.
Wer rein kommt, kommt nie wieder heraus.
Wer kritisiert kommt rein und verschwindet.
Einem Aufständischen ziehen sie die Bestattungskleider an.
Kein Lebenszeichen mehr.
Er rief im Gefängnis: Ich habe Hunger.
Und der Wärter sagte: Du kannst dir einen Baum malen
und seine Früchte essen.
Der Gefangene hat den Verstand verloren.
Wo ist die Gerechtigkeit? Verwundete Heimat...

2.
Deine Wunden: Der Vater vererbt die Macht an den Sohn.
Der eine wie der andere – Freude der Hunde.
Deine Wunden: Sie zerreißen uns.
Sie gebären uns Millionen von Verletzten.
Deine Wunden: Die Stadt Daraa geht in Flammen auf.
Und schließlich brennt das ganze Land.
Deine Wunden: Tausende Seelen sind der Preis.
Ein Meer aus Blut in all den Städten.
Deine Wunden – von Fäulnis befallen.
Wir werden von ihnen zerfressen.

Deine Wunden: Wir können sie nur notdürftig verbinden.
Nichts als Watte halten wir in unseren Händen.
Deine Wunden: Unsere Brüder tun nichts um das
Blutvergießen zu stoppen.
Die Spritze zur Heilung sei zu teuer, sagen sie.
Deine Wunden: Sie stoßen in der ganzen Welt auf taube Ohren.
Niemand will uns helfen sie zu heilen.
Deine Wunden: Assads Schergen rufen, er soll bleiben.
Sie regieren das Land, verbrennen das Land.
Sie lassen uns verstummen, und nur die Hunde bellen.
Deine Wunden: Wir sterben...und die Welt verschließt die Augen. ❡

Yaroub Jabrur

FÜR MICH...

... Köln mit meinen Freunden und meiner Familie. Nirgends kenne ich mich so gut aus. Hier habe ich die meiste Zeit meines Lebens verbracht und es ist das Erste, was mir zu dem Wort »Heimat« einfällt. Ob sich das irgendwann in der Zukunft auch mal ändert? Ich weiß es nicht. Aber das muss es ja auch nicht...

Unbekannt

- ein Kreisverkehr vor meiner Tür. Damit weniger Autos die Straße hinunter fahren und dass sie vor allem auch langsamer fahren.
- Mehr Zeit für Menschen, weniger Streß und weniger angespannte Stimmung
- No tense athmosphere!
- Ein Land ohne die ›Alternative für Deutschland'. Weniger Hass, weniger ›wir‹ gegen ›die‹!
- Mehr Hilfsbereitschaft weniger Neid,
- Helpfulness
- Mehr Vorwärts statt zurück
- Werte und Kultur

Sabine, ♀, *1964, Deutschland

* Hama

Hauptstadt des Gouvernements Hama in Syrien. Im Februar 1982 ereignete sich in Hama ein international wenig bekanntes Massaker, bei dem die syrische Armee unter Verteidigungsminister Mustafa Tlas die Stadt bombardierte, weil Mitglieder der Muslimbrüder Hama zum Widerstandszentrum gegen die Regierung ausgebaut hatten. Dabei wurden, insbesondere in der historischen Altstadt, große Verwüstungen angerichtet und schätzungsweise 30.000 Menschen kamen zu Tode. Diese Ereignisse sind bis heute ein Tabu in Syrien.

Als ein Zentrum der Proteste in Syrien 2011 rückte Hama in den Blickpunkt der Weltöffentlichkeit. Am 31. Juli 2011 rückten syrische Streitkräfte gewaltsam in die Stadt ein, wobei nach Oppositionsangaben über 100 Menschen starben. Hama ist auch der Ort, an dem das bekannte Revolutionslied »Yalla, Irhal ya Bashar« (Komm schon Baschar, es ist Zeit zu verschwinden) Ende Juni 2011 zum ersten Mal von Demonstranten gesungen wurde. Der Verfasser des Songtextes Ibrahim Qaschusch wurde wenige Tage später mit durchgeschnittener Kehle und entfernten Stimmbändern ermordet aufgefunden. ❡

Wikipedia

Jedes Mal wenn ich als Kind hingefallen bin,
küsste mich meine Mutter, und ich vergaß alle Schmerzen.
Gestern bin ich hingefallen,
erinnerte mich an die Küsse meiner Mutter
und spürte keine Schmerzen.
Erst jetzt stelle ich fest, nichts ist schwieriger
als das Fernsein der Mutter.
Ich weiß nicht, ob ich dich je wieder umarmen kann oder nicht?
Wenn ich heute nur deinen Blick erleben könnte, aber leider...
Wenn Du heute nur hier wärest, meine liebe Mutter,
dass ich dich anschaute und deine Freude wahrnehmen könnte.
Aber leider sehe ich dich nicht, so oft ich auch hinschaue.
Mein Herz ist betrübt, als ob sich aller Kummer
der Welt darin sammelte.
Es gibt aber niemanden, der meine Tränen ertragen könnte,
liebe Mutter. ❡

Taher Majidi

What I always wanted in my life is to be happy. Don't you think that happiness is almost the most important thing in life? Because, if I have everything I ever wanted to have than I have some empty feelings inside of me. Somehow I don't feel good enough. Something is missing – like this song says: Have you ever seen the rain coming down a sunny day. So I want to see the sunshine regardless of where I live and who is by my side. I want to be with people who love me for who I am. And I want to see my friends without the need of setting up an appointment. And I want people to remember me when I'm gone. Among all this I just want to live my life and be happy. And my biggest fear is that I will not be able to do that.

Majid, 🚹, *1997, Syrien

... der Ort, an dem ich aufgewachsen bin, an dem ich meine Kindheit verbracht habe. Am wichtigsten für mich ist die Familie, es gibt ein Gefühl, dieses Gefühl habe ich nur mit meiner Familie und dieses Gefühl kann ich nicht beschreiben.

Ali, 🚹, *1984, Syrien

I need the best of life. That is what I always wanted and needed. God will give me the things which will make me see that life has not been good to me. The future is what I look forward to to get the best that I want. I want to be good and knowing what will come out of it. It means a lot to me what will come and doing the right thing that will make it come. I have always loved the theatre. It has made me strong. That is why I always love going to where there is theatre. The time you need may make you do things that you have to do and to do it right.

Greena, 🚺, *1999, Nigeria

Das kleine Dorf

Trotz des harten Lebens, trotzdem wir gezwungen waren unsere Heimat zu verlassen, trotz unserer Leiden, unserer Schmerzen, unserer Traurigkeit und unseres Lebens, das voll ist mit Bitterkeit, bin ich zufrieden. Denn ich durfte auswandern zu einem der schönsten Orte auf unserer Erde. Dort habe ich nette Leute getroffen, von denen ich schon gar nicht mehr geglaubt hatte, dass es sie in unserem Leben noch gibt. Der Ort war ein kleines Dorf, das im Sommer und Herbst wunderschön ist. Es ist ein tolles Dorf und die Leute, die dort wohnen waren sehr gastfreundlich und sehr ehrlich. Durch diese Leute habe ich das Leben richtig kennen gelernt und kann es jetzt wieder genießen. Durch diese Leute habe ich wahre Freundschaft kennen gelernt. Sie haben das Leben von uns Neuangekommenen verändert – Traurigkeit und Hoffnungslosigkeit haben sie weggeworfen und uns stattdessen Hoffnung und Frieden gegeben. Ich habe mit ihnen eine sehr schöne Zeit verbracht. Wir haben zusammen ein friedliches Leben geschaffen, das voll war von friedlichen Momenten. Und wir haben eine Zukunft in Freiheit aufgebaut. Gemeinsam haben wir uns entschieden, dass wir zusammen immer auf dem friedlichen Weg bleiben. Ich war dort sehr zufrieden, bis das Schicksal auf einmal entschieden hat, dass wir nicht mehr zusammen bleiben können. Dass wir uns verlassen müssen. Dass jeder von uns einen anderen, dunklen, fremden Weg geht.

Dies ist eine wahre Geschichte. ❡

Nekola Özbey

Woher kommt seine Legitimation?

Kann mir jemand sagen:
Woher kommt seine Legitimation?
Der Machthaber hat einen Schlüssel vom Imam
Chomeini bekommen,
deshalb sei seine Macht legitim.
Der Schlüssel soll ihn zum Himmel führen,
egal wie viele Verbrechen er verübt.
Aber ich sage Euch:
Wer nur einen Unschuldigen Menschen tötet
verliert diese Legitimation
und es erwartet ihn kein Himmel
sondern die Hölle.

- wo Menschen sind, die uns nahe stehen
- wo ich mich geborgen fühle
- wo Vertrautes ist oder Vertrauen wachsen kann
- wo ich aufgewachsen bin und meine Kindheit verbracht habe

Ulla, ♀, *1955, Deutschland

… zu wissen, dass meine Familie – Kinder, Mann, Schwester, Schwägerinnen usw. in meiner Nähe sind. Vertraute Umgebung, Wärme, Frieden. Menschen, die Liebe und Offenheit für Kulturen schätzen in meinem Umfeld zu wissen.

Unbekannt

- Equality
- Palm trees
- no war
- a hammock
- the sea
- an own ›Bootssteg‹ with a small fishing- or sailingboat
- my own van with selfmade interior
- my dad and my mum would be around
- a mango-tree in the garden
- warm temperature

Felix, ♂, *1988, Bonn, Deutschland

Dort wird er lange brennen,
bevor er dann stirbt.
Das sage ich Euch allen,
die Ihr ihn liebt:
Euer Löwe wird bestraft werden!
Wer hat ihm überhaupt die Macht vererbt?
Das Ergebnis ist ein Land mit vielen Wunden
und Feuer überall!
Von der Stadt Daraa im Süden
– und alle anderen Städte haben Solidarität gezeigt –
bis in den Norden:
Die Wunden der Heimat sind in jeder Stadt zu spüren.
Wie können wir diese Wunde heilen?
Das ist unmöglich wegen der wuchernden Nekrose
Und wir finden keine Medikamente!
Und die Welt scheint taub zu sein.
Diejenigen die diese Wunde verursacht haben?
Der Geheimdienst!
Und jeder der sagt:
»Entweder Assad, der Einzige oder keiner!«
Betreibt die Politik der verbrannten Erde.
Und von diesen Verbrennungen ist die
Heimat so schwer verwundet. ¶

Yaroub Jabrur

Oh Tod, hör auf mir zu schmeicheln.
Es gibt nicht mehr genügend Särge für all die Leichen.
Wir wissen nicht, wer uns getötet hat.
Wir wissen nicht, wer für unsere Toten gebetet hat.
Es ist, als ob unser Blut billig geworden ist auf dem
Markt der Eindringlinge.
Es ist, als ob unser Blut Heidelbeersaft ist für die,
die davon kosten.
Oh Nacht, oh Morgendämmerung, oh Mond, oh Vollmond!
Wann schmilzt das Eis der Zerstörung?
Wann tauschen wir Patronen gegen Stifte?
Wann ist die Menschlichkeit den Menschen überlegen?
Konvois von Märtyrern und wackeren Kämpfern –
Euer Blut hat die Erde getränkt.
Gräber sind verstreut in alle Himmelsrichtungen

und wie ein Kompass zeigen sie nach Ost und West,
Nord und Süd
und jede Richtung ist Geschichte.
Wir waren in vielen Kriegen.
Wir haben gekämpft,
Aber der Krieg wurde uns auferlegt. ¶

Majed Shik Hassan

Die Geschichte des Jungen in der Kälte.

An einem unbekannten Ort in der Fremde waren wir als eine große Gruppe von Migranten bei sehr kaltem Wetter in einer behelfsmäßigen Herberge untergebracht. Ich entschied mich nach draußen zu gehen und eine Zigarette zu rauchen. Draußen war es extrem kalt. Alles war gefroren. Nach ein paar Minuten kam ein Mann zu mir und stellte sich neben mich. Er schaute mich an und fragte: »Hey Junge, was machst du hier draußen? Warum sind all die Anderen in der Unterkunft und haben ein Lächeln in ihren Gesichtern und du bist hier draußen und siehst traurig aus. Was ist los mit dir?« Ich sagte ihm: »Ich bin nicht draußen und das Wetter ist nicht kalt!« Der Mann wunderte sich: »Sag mal, was ist denn deine Geschichte?« Ich sagte: »In meinem Herz passieren viele Sachen, die ich nicht zeigen kann.« Er erwiderte: »Sag mir bitte, was in deinem Herz passiert.« Und ich antwortete: »Shingal « Er versuchte mich zu beruhigen und sagte: »Sei sicher, dass die Zeit kommt und du in deine Stadt zurückkehren kannst.« Ich sagte ihm: »Nein, sie haben mich nicht verstanden. Der Mann: »Was meinst du dann?« – »Ich bin nicht traurig, weil ich nicht in die Heimat zurückkehren kann. Ich stelle mich extra in die Kälte, denn immer wenn mir kalt ist, erinnere ich mich an die Kinder und Frauen in Shingal , die draußen auf Steinen schlafen mussten und an Hunger starben. Und nicht nur die Kinder und die Frauen sondern auch die Männer, die entweder im Krieg sterben oder eben danach.« Der Mann sagte: »Ich bin stolz auf dich, dass du hier im kalten Wetter stehst, um dich an die Menschen in Shingal zu erinnern. Du wirst die Kälte besiegen und eines Tages wirst du in deine Heimat zurückkehren.« Damit endet die Geschichte des Jungen in der Kälte.* ¶

Nekola Özbey

FÜR MICH...

... das Hänneschen Theater gehört dazu, Kumede, auf jeden Fall kölsches Theater, kölsche Musik, kölsche Sproch (Dialekt), Brauchtum wie Kneipen – besonders Milieu-Kneipen, Karneval, Schützenfest, auch Brauchtum wie Maibaumsetzen, Maibaum für den Ort, Fahrt in die Eifel zur ..., rheinische Sagen, Sagen aus Refrath, der Kölner Dom, das Zeughaus, der Friedenspark, das Bensberger Schloß und das Bensberger Rathaus, die katholische Kirche mit Nikolaus und ..., Heiligabend in Familie, Ostern zu Mutter und ..., sowie Osternest-Brauch, Prozession der italienischen Gemeinde in Kall, Gärtnern im interkulturellen Garten, Weckmann, zu Martin und Nikolaus, rheinische Küche, Fachwerkhäuser, rheinische Kirchen, ..., Toleranz zu Homosexuellen, Edelweißpiraten, Moschee in Ehrenfeld, ..., Volkslieder, Besuch der Friedhöfe an Allerheiligen, Millowitsch.

Unbekannt

... Freiheit, Sicherheit, mich geborgen zu fühlen, Wärme, mein Mann, meine Freunde & Familie, kreativ sein zu dürfen, meine Katzen zu Hause, Vertrauen und mich nicht verstellen zu müssen; das Essen meiner Mutter; zu wissen, wohin mein Herz gehört.

Jennifer, ♀, *1979, Deutschland

* Shingal

Shingal ist eine irakische Stadt in der Provinz Ninawa mit etwa 40.000 Einwohnern (Stand 2006). Die Bewohner gehören der ethno-religiösen Minderheit der Jesiden an. In den Monaten Juli und August 2014 flohen Tausende von in Shingal lebenden Jesiden vor den IS-Kämpfern vor allem in den Höhenzug des Dschabal Sindschar Gebirges. Kurdischen Peschmerga-Kämpfern gelang es, einen Korridor nach Syrien freizukämpfen wodurch einem Teil der Eingeschlossenen die Flucht aus dem Gebirge ermöglicht wurde. Mitte Oktober 2014 traten die IS-Milizen wieder zu einer Offensive an und konnten den Kessel um Shingal bis zum Fuß des Gebirges zusammenziehen. Es wurden etwa 7.000 Zivilisten eingeschlossen. Am 1. November 2014 starteten die Peschmerga eine Offensive zur Befreiung der Stadt. Im Dezember 2014 waren bereits Teile der Stadt in kurdischer Hand. 2015 war Shingal aber noch immer noch umkämpft. Nach einer neuen Großoffensive (Operation Free Shingal) im Herbst 2015 wurde die Stadt aus der Hand des IS befreit. Der Bürgermeister Shingals äußerte, von etwa 10.000 Bewohnern fehle jede Spur, man nehme an, dass die meisten ermordet wurden. In der Stadt fand man ein Massengrab mit den Leichen von 78 jesidischen Frauen. In Hardan, einem jesidischen Dorf nahe Shingal, fand man weitere Massengräber.

Wikipedia

Ich sehe dich, deinen zarten Körper, / und suche nach Worten – doch dann kommen sie zu mir, / die süßen Worte, von allein. / Sie fließen in meine Feder, werden Poesie. / Meine Feder will viele Gedichte schreiben, / mit Worten, so schön wie du und so einzigartig. / Du bringst Licht in die Dunkelheit. / Mein Herz will so vieles sagen, / in meinem Kopf sind so viele Worte, / doch keines, das dich beschreibt. ¶

Yaroub Jabrur

FÜR MICH…

Meine Heimatstadt Idlib liegt im Norden von Syrien an der Grenze zur Türkei. Sie heißt ›die Grüne‹ weil sie sehr viele Olivenbäume hat. Sie hat viele Sehenswürdigkeiten wie zum Beispiel das Große Museum, das viele historische Funde und Sehenswürdigkeiten zeigt. Idlib erstreckt sich über circa 600 Quadratkilometer und hat etwa 1,5 Millionen Einwohner. Sie hat eine schöne Lage zwischen der Türkei und dem Mittelmeer. Die lange Geschichte der Stadt reicht zurück bis zur vorchristlichen Zeitrechnung. Heute lebt sie von Landwirtschaft und Handel.

Ayham, ♂, *1996, Idlib, Syrien

… da, wo ich Vertrauen habe, wo ich verbunden bin mit Menschen und Natur, da wo ich angenommen werde und mich angenommen fühle. Da wo ich sein kann ohne mich zu verstellen, wo ich ehrlich sein kann und echt, da wo ich meine Gefühle leben kann und zeigen kann. Da wo ich dazugehöre, nicht alleine bin. Da wo ich keine Angst habe und mich nicht fürchte (echt gut, das jetzt nach diesem Stück zu schreiben).

Angelika, ♀, *1962, Deutschland

Backstage Komödien. Kleiner Raum mit Bühne und Beleuchtung.

Beim Chirurgen

Besetzung: *Patient, Arzt, Assistent*

Arzt: *Unser nächster Patient ist Mahmoud Majidi. Holst du ihn aus dem Wartezimmer?*

Assistent: *Ja, ok.* (geht ins Wartezimmer) *Irdo, Mschko, Maro, Dubeschko, Majidi?*

Patient: *Ja.*

Assistent: *Folgen Sie mir bitte.* (Gehen ins Behandlungszimmer)

Arzt: *Guten Tag Herr Majidi. Wie kann ich Ihnen helfen?* (blickt auf Patientenakte) *Ah, hier steht, Sie müssen am Bauch operiert werden. Sie haben heute nichts gegessen?*

Patient: *Wie am Bauch? Ich habe Kopfschmerzen! Ich habe seit zwei Tagen nichts mehr gegessen.*

Assistent: *Egal. Legen Sie sich bitte hier hin.*

Patient: *Nee, nee. Hier lege ich mich nicht hin. Was haben sie mit der Schere und dem Messer vor?*

Arzt: *Die sind zum Operieren. Ist das das erste Mal, dass Sie operiert werden?*

Patient: *Nein, das ist wie täglich Händewaschen.*

Assistent: *Wir haben keine Zeit für Diskussionen. Legen Sie sich jetzt bitte hin. Wir wollen anfangen.* (Patient legt sich hin)

Arzt: *Gib mir bitte die Spritze.*

FÜR MICH…

Syrien ist ein schönes Land. In Syrien gibt es 14 Städte. Die Straßen sind grün mit vielen Autos. Überall ist es grün. Das fehlt mir sehr. Im Winter ist es zwischen +2 bis -10 Grad kalt – aber nicht überall. Und im Sommer ist es sehr warm.

Majed, 🚹, *1999, Al Rakka, Syrien

- Klassische Musik und ein Waldspaziergang
- Meine Familie, meine Wohlfühlstätte, Ruhe, Freiheit
- Keine Verurteilungen
- Die Iländerhöhe, der Ehrenfeldgürtel und noch ein paar HÄUSER, in denen ich bedeutsame Zeiten erlebt habe
- Der Rhein
- Selbstliebe und Selbstakzeptanz, wenn ich in mir ruhen kann, bin ich zuhause
- Glücklich sein. So wie ich bin, bin ich willkommen
- Erinnerungen
- eine Tasse Tee
- »Ich wünsche mir ein Plätzchen und ist's noch so klein / von dem ich kann sagen: Sieh hier, es ist mein. / Hier schlaf ich, hier ess ich, hier ruh ich mich aus. / Hier ist meine Heimat, hier bin ich zu Haus!«

Student*innen der Technischen Hochschule Köln,
Institut für Kinder, Jugend, Familie & Erwachsene

Assistent: *Ja, hier.*

Arzt: (nimmt Spritze, spritzt beim Überprüfen den Inhalt in die Luft) *Upps. Ich brauche noch eine.*

Assistent: *Wir haben aber keine mehr.*

Arzt: *Ich habe eine andere Idee....* (er schlägt den Patienten k.o.) *Wo ist meine Brille?* (Arzt sucht seine Brille, Assistent deutet auf Patient, Arzt nimmt Brille vom Patienten, schneidet dann seinen Bauch auf und entfernt nacheinander folgende Gegenstände: Zwiebel, Schokolade, Tasse Kaffee. Die Sachen riechen übel, werden gleichwohl kritisch begutachtet und vom Assistenten dann eingesteckt)

Assistent: (trinkt den Kaffee und spuckt ihn wieder aus)

Patient: (wacht auf) *Das ist mein Kaffee!*

Assistent: *Das ist dein Kaffee?* (schlägt Patienten k.o.) *Jetzt ist es mein Kaffee!*

Arzt: (entfernt eine Möhre) *Das muss doch in den Augen bleiben und nicht im Bauch.* (er legt die Möhre auf einen Teller, holt eine Orange aus dem Bauch, Assistent steckt sie ein. Es folgen Nudeln) *Aah, Nudelen!* (Er legt die Nudeln auf den Teller, holt dann eine riesige Kartoffel heraus, schaut sie an) *Oho, der Patient ist in Deutschland voll integriert!* (Er legt die Kartoffeln auch auf den Teller).

Arzt und Assistent setzen sich an einen Tisch, legen alles was sie aus dem Bauch geholt haben auf den Tisch und beginnen zu essen.

Arzt: (schaut auf dem Tisch herum) *Ist das hier Aldi oder was?*

Patient: (wacht auf und richtet sich auf) *Warum hab ich denn so Hunger? Habt ihr was zu essen?*

Arzt + Assistent: *Geh einkaufen!* ❡

HEIMAT IST FÜR MICH...

- eine dunkle Ecke, zerrissene Blätter und der Lautenklang zu Volksliedern – meine Heimat war dort,
- früh am Morgen aus dem Fenster zu schauen, die Vögel auf dem Baum zu sehen und dabei eine Tasse kurdischen Tee zu trinken – bei Regen,
- wenn ein kahler Mann sich an die Haare fasst und lacht.

Hussein, ♂, *1994, Irak

... kein Ort. Heimat ist überall dort, wo ich in Freiheit mein Leben, meine Liebe, meinen Glauben leben kann.
... »So machtvoll ist das Licht der Einheit, dass es die ganze Erde erleuchten kann.« Bahá'u'lláh

Keyan, ♀, *1960, Deutschland

Ohne Heimat bin ich gar nix.
Meine Heimat ist einfach für mich alles.

Basel,1987, Arabien

Wenn alles schläft und (k)einer spricht, so nennt man das (Deutsch-)Unterricht

Klassenraum, mehrere Tische und Stühle, eine Tafel/ Flipchart, Ein Lehrer und vier Schüler.

Schüler 1&2: (kommen herein) *Guten Morgen!*

Lehrer: Warum kommt ihr zu spät?

1. Schüler: *Ich habe verschlafen, weil ich gestern zu viel getrunken habe.*

2. Schüler: *Ich war bei ihm und habe ihn aufgeweckt.*

3. Schüler: *Typisch für den!*

1. Schüler: *Mir gefällt das so.*

Lehrer: *Setzt euch! Wir machen weiter.*

1. Schüler: (zu 3. Schüler) *Kannst du sehr gut Deutsch?*

3. Schüler: *Ja, ich lerne seit drei Jahren Deutsch.*

1. Schüler: *Tja, gut. Ich muss schlafen.* (4. Schüler schlägt 1. Schüler, der zu 2. Schüler) *Wer war das? Waren da Fliegen?* (schläft wieder ein)

2. Schüler: *Was machen Fliegen in der Klasse?*

Lehrer: *Ruhe!* (zu 2. Schüler) *Welcher Fall ist das:* (schreibt an die Tafel und spricht gleichzeitig) *»Der Schüler schläft.... Schule.«*

2. Schüler: *Ähm... Wo schläft der Schüler? Äh... Dativ?*

Lehrer: *Ja, und wie heißt es dann?*

3. Schüler: *Der Schüler schläft in der Schule?*

Lehrer: *Richtig. Abschreiben!*

(4. Schüler schlägt 1. Schüler, der schlägt daraufhin 2. Schüler)

FÜR MICH...

Die Welt! Die gesamte Welt. Mein Wunsch ist der Friede. Mein Ziel ist die Einheit der Menschheit in Vielfalt. Um dieses Ziel zu erreichen denke ich an den Abbau der Vorurteile, jegliche Art der Gleichberechtigung von Mann und Frau, Beratung bei Konflikten, Erziehung, Bildung, usw.

Irag, 🚹, *1939, geboren in Persien/Iran

- wo meine Familie ist. Wenn meine Mama am Bahnhof auf mich wartet und ich sie wieder in die Arme schließen kann. Ein Gefühl von Geborgenheit...
- wenn ich meine alten Tagebücher oder Familienfotos durchblättere... gute Erinnerungen...
- weniger ein Ort, sondern Menschen, bei denen ich mich zu Hause fühle. Menschen, die mich akzeptieren so wie ich bin, bei denen ich mich nicht verstellen muss
- wenn ich in der Kölner U-Bahn sitze und fünf verschiedene Sprachen um mich herum höre
- wenn ich morgens aufwache und die Sonne scheint
- wenn ich das Meer sehen kann.

Alexandra, 🚺, *1994, Deutschland

... was Alexandra schreibt, die junge Frau mit den griechischen Wurzeln: »Heimat ist für mich wenn ich das Meer sehen kann.« Ja, das ist auch für mich ein Stück meines »Heimatbegriffes«. Ich, die Deutsche aus dem Bergischen Land, begreift »ihr« griechisches Dorf am Meer als einen Teil ihrer Heimat. Mein Herzenswunsch: Sonne, Licht und Wärme um mich herum und in allen Herzen –und dass man das Meer sehen kann.

Martina, 🚺, *1957, Deutschland

Lehrer: *Aber: Man geht nicht zum Schlafen in die Schule!*

1. Schüler: *Akkusativ.*

Lehrer: *Sehr gut. Und wo machst du deine Hausaufgaben?*

1. Schüler: *Also wenn die Schule kein Ort zum Schlafen ist, ist mein Zuhause kein Ort zum Lernen.* (schläft weiter / 3. Schüler schlägt 1. Schüler, der guckt zu 4. Schüler, der zeigt auf 2. Schüler / 1. Schüler guckt 2. Schüler an, schlägt ihn und steht auf) *Warum hast du das gemacht?* (4. Schüler zieht 1. Schüler hinterrücks den Stuhl weg. Der will sich wieder setzen und fällt hin) *Warum falle ich schon wieder? Ich bin doch gestern schon aus der Kneipe geflogen.*

Lehrer: (geht auf 1. Schüler zu und spricht laut) *Genau der richtige Fall: du bist aus der Kneipe geflogen, Dativ, aber zuvor bist du in die Kneipe gegangen, Akkusativ!*

1. Schüler: (erstarrt) *Mir ist schwindelig...* (zu 2. Schüler) *Bin ich noch betrunken?*

2. Schüler: *Was sagst du? Benimm dich!* (2. Schüler schlägt 1. Schüler / ein Streit entsteht, die Schüler reden unruhig durcheinander / 1. und 2. Schüler fangen an, sich zu prügeln)

Lehrer: *RUHE!!! Alle hinsetzen, sofort!* (alle setzen sich) *Gut. Jetzt wo ihr alle ruhig seid, kann ich endlich schlafen.* (schläft ein)

3. Schüler: *Die Schule ist schön!*

4. Schüler: *Nominativ?*

Lehrer: *Ruhe, ich will schlafen!*

(alle zucken mit den Schultern und schlafen ebenfalls ein) ❡

Reza – Stand up Comedy

Mit seinem persischen Hintergrund schafft Reza Mansouri ungemein witzige, improvisierte Stand-Up-Komödien. Gekonnt und für das Publikum unterhaltsam thematisiert er darin das Aufeinandertreffen verschiedener Kulturkreise in Deutschland. Informationen zu ihm und seinem Programm erhalten Sie über: *mansourir55@gmail.com.* ¶

Ja, ja, ja, ja, ja. Zu Hause ist schön.

Vier Schauspieler sitzen auf einer Parkbank. Der Text kann sowohl in der Form gespielt werden, dass die vier Personen sehr alt sind, als auch in der Form, dass sie Teenager oder junge Erwachsene sind.

Person 1: *Ach! Zu Hause ist es doch schön!*

Person 2: *Ja, ja, ja, ja, ja. Zu Hause ist schön.*

Person 1: *Besonders, wenn ich zu Hause bin, ist es zu Hause schön.*

Person 3: *Wie ein kleines Boot im Sonnenuntergang. Das ist zu Hause.*

Person 2: *Ja, ja, ja, ja, ja. Zu Hause ist schön.*

Person 4: *Ein Raum voller Computerspiele, mit einem eigenen Kühlschrank, der stets mit Energy-Drinks befüllt ist. Das ist zu Hause.*

Person 2: *Ja, ja, ja, ja, ja. Zu Hause ist schön.*

Person 1: Kinderspiele im Kühlschrank?

Person 4: (laut) *Ein Raum voller Computerspiele, mit einem eigenen Kühlschrank, der stets mit Energy-Drinks befüllt ist. Das ist zu Hause.*

Person 3: *Genau. Wie ein kleines Boot im Sonnenuntergang. Das ist zu Hause.*

… mich mit Menschen austauschen zu können die mich verstehen – egal wer, wo wie! Geschlecht egal, Alter egal, Nationalität egal! Die Haltung in der Liebe zum Menschen zählt.

Andrea, ♀, *1959, Deutschland

… meine Familie, meine Freunde, die Natur und das Essen.
… der Regen und der Nebel.

Unbekannt

… der Ort an dem ich mich geborgen fühle. Und: Der Geruch von brennendem Holz im Ofen. Die Wälder Rumäniens. Die Menschen, die ich liebe. All die Menschen, mit denen ich mich jetzt unterhalten möchte und deshalb nicht mehr schreiben kann.

Christine, ♀, Deutschland

Person 2: *Ja, ja, ja, ja, ja. Zu Hause ist schön.*

Person 1: *Das ist doch alles Mist! Zu Hause ist, wenn mein Hund mir meine Schuhe bringt!*

Person 2: *Wenn dich dein Hund in die Schule bringt?*

Person 4: *Computerspiele. Ramm! Bamm! Splatter! Bäng! Dong! Schepper! Krach! Homerun! Yeah. 1000 Punkte!*

Person 2: *Du kannst aber schön singen.*

Person 1: *Ihr seid aber blöd!*

Person 3: *What I always wanted in my life is to be happy. Don't you think that happiness is almost the most important thing in life?*

Person 1: *Kannst Du kein Deutsch?*

Person 2: *Ja, ja, ja, ja, ja. Zu Hause ist schön.*

Person 3: *I want to see the sunshine regardless of where I live and who is by my side.*

Person 4: *Ramm! Bamm! Splatter! Bäng! Dong! Schepper! Krach!*

Person 1: *Wenn ihr hier nicht zu Hause seid, dann gehe ich jetzt nach Hause.* (geht ab). ❡

≣ **Gregor Leschig**

FÜR MICH...

... mein zu Hause
... meine Familie + Freunde
... der Ort, den ich vermisse, wenn ich woanders bin
... der Ort, nach dem sich mein Herz sehnt
... ein Gefühl der Geborgenheit.

Unbekannt, ♀, *1993

- Weihnachtslichter und Deko,
- Neben dem Weihnachtsbaum sitzen,
- Mit Freunden ausgehen und bis morgens feiern,
- Eine Pizza essen, die von meiner Mutter gemacht wurde,
- Im Zimmer meiner Eltern schlafen als ich klein war – Sicherheit,
- Filme schauen,
- Auf meinem Balkon morgens eine Tasse Kaffee trinken.

Majid, ♂, *1998, Syrien

... wo ich mich nicht einsam fühle, wenn ich allein bin.

Marleen, ♀, *1992, Deutschland

- wie ein Kaleidoskop wenn deine Wurzeln getrennt sind und vielfältig.
- Wo kannst du dich besser fühlen als in der Welt?
- Wandern auf Wegen und Leute treffen, die deinen Horizont einreißen und neu aufbauen.
- Tanz deine Heimat, Bruder.

Saltani, ♂, *1979, Frankreich/West-Marokko

Familienglück

Schauspieler kommt auf die Bühne.

Schauspieler: *Wir in Syrien sind etwas dunkler als ihr hier in Deutschland. So wie ich. Ein Ehepaar lebt glücklich über viele Jahre zusammen. Sie haben acht Kinder. Sieben davon sind typisch syrisch etwas dunkler, genau wie der Vater, nur ein Kind ist ganz dunkelhäutig, fast schwarz. Der Mann wundert sich zwar über dieses eine Kind, aber da er mit seiner Frau und seiner Familie glücklich ist, will er der Sache nicht weiter auf den Grund gehen. Eines Tages jedoch wird seine Frau schwerkrank. Ihr Ende ist absehbar. Als er an ihrem Bett sitzt und ihre Hand hält sagt die Frau: »Mein Lieber, ich muss dir etwas gestehen.« Da sagt der Mann: »Ich weiß schon, das dunkle Kind.« Darauf die Frau: »Nein, die sieben anderen!«* ❡

FÜR MICH...

Für mich bedeutet Heimat zu Hause sein. Dort brauche ich Menschen, die mich verstehen, achten, die mich schätzen, denen ich vertrauen kann und die mich annehmen, so wie ich bin. Heimat ist für mich an keinen Ort gebunden. Heimat bedeutet immer, mit Menschen zusammenleben können. Heimat ist, ein gutes Grundgefühl zu haben. Musik, Tanz und Spiel. Manchmal spüre ich die Heimat in mir selbst.

Maria, 🚺, *1949, Deutschland

... mein inneres »Ich« seitdem ich mein Geburtsland verlassen habe. Was Heimat jedoch ist, muss jede/r für sich selbst herausfinden... Tun werden es jedoch meist die, die keine geografische Heimat mehr haben. »Sei selbst – deine eigene Heimat«.

Dalila, queer, *1983, Mensch

... verstanden werden, Toleranz, lachen, sich kennen

Nils, 🚹, *1982, Deutschland/Frankreich

5. INSTITUT ZUR SCHAFFUNG EINES STAATEN-UNGEBUNDENEN HEIMATBEGRIFFES

Geschichten des Lebens. Raum mit Bühne und Beleuchtung.

Wohin ?

Maher, syrischer Flüchtling, eine Freundin. Beide sitzen an einem Küchen- oder Esszimmertisch.

Freundin: *Willst du mir nicht von deiner Heimat erzählen?*

Maher: *Sag mir, was hast du heute gegessen?*

Freundin: *Maher, lenk nicht jedes Mal vom Thema ab. Wenn du mir schon nicht von deiner Heimat erzählen willst, dann sag mir zumindest: Was hat dich so gemacht?*

Maher: *Niemand könnte das mit mir fühlen. Außerdem... Ich glaube nicht, dass du diese Geschichte gerne hören willst.*

Freundin: *Doch ich möchte endlich wissen, was mit dir passiert ist. Ich will die Geschichte deiner Alpträume wissen, warum du in der Nacht schreist und aufwachst. Und immer deine dunklen Klamotten. Laute Musik, immer am Rauchen und manchmal viel zu betrunken. Und all deine Fehlversuche vor der Realität zu fliehen und...*

Maher: *Genug, genug! Ich werde dir die Geschichte erzählen, aber du musst mir versprechen, dass wir danach nie wieder darüber sprechen.*

Freundin: *Ich verspreche es dir. Komm schon, erzähl.*

Maher: *Das war vor fast vier Jahren im Sommer. Ich mit meiner Frau, Lien, und meiner kleinen Tochter, Salie. Wir waren gerade fertig mit dem Abendessen. Obwohl wir so wenig hatten, war es das beste Essen.* (lacht) *Natürlich. Wie soll es nicht gut*

NEPTUN

FÜR MICH…

- Morgens um 6 Uhr aufstehen und ein bisschen Sport zu treiben,
- Musik hören,
- Über Geschichte zu lesen,
- Treffen mit Freunden,
- Meine Familie anzurufen,
- Schach spielen,
- Billard spielen,
- Mitmenschen zu helfen,
- Meine Mutter zu umarmen

Taher, ♂, *1993, Iran

- wenn mich meine Mutter aufweckt am Morgen,
- meinen Vater am Morgen zu sehen. Er hat gefrühstückt, seine Zigarette angezündet und raucht,
- Menschen mit Humor,
- Wenn meine Freunde und ich Kölsch trinken,
- Zu spät in die Schule zu gehen,
- Hallo Leute gut zuhören: Freiheit für die jesidischen Menschen! Freiheit ist meine Heimat!
- Schneeballschlachten,
- In der Nacht einen Cappuccino mit viel Zucker trinken.

Sieno, ♂, *1998, Irak

sein, von meiner lieben Frau gekocht? Wir haben gespielt, wir haben gelacht. Sie war wirklich da, zwischen meinen Händen. Ihr schwarzes Haar, die weiße Haut, die kleinen Hände, ihre Zahnlücken. Der kleine Engel. Nein, nein, hab keine Angst! Die Geräusche sind weit entfernt.

Freundin: *Welche Geräusche denn?*

Maher: *BUM, FFFFFT, SHHHH. Ich habe die Fenster geschlossen. Jetzt sind die Geräusche ganz weit. Bum, fffft, shhh. Ja! Die Stimmen des Kriegs, die Stimmen der Unmenschlichkeit, die Stimmen des Hasses. Komm, es ist schon spät – Zeit zum Schlafen. Lien, nimm Salie mit ins Badezimmer und schlaft dort.*

Freundin: *Im Badezimmer?*

Maher: *Ja dort ist es sicherer, weiter weg von den Fenstern. Sie sind schlafen gegangen, aber ich konnte nicht schlafen. Ich zündete eine Zigarette an und dachte über die Zukunft meiner Familie nach. Und ich hatte Angst vor dem Ungewissen, dem Unbekannten und dem tobenden Krieg. Eine Stunde war vergangen. FFFFFFT... aber keine Explosion. FFFFFFT...auch keine Explosion. Ich freute mich. Nichts ist passiert, dachte ich. Aber dieser Moment war kurz. Meine Brust wurde schwer, ich konnte nicht atmen. Meine Füße konnten mich nicht tragen. Ich fiel auf den Boden. Und das Erste, was in meinen Kopf kam: meine Familie! Ich stand auf und lief los. Doch ich fiel wieder. Und stand wieder auf. Ich glaube die Kraft meiner Liebe brachte mich zu ihnen. Ich öffnete die Badezimmertür. Ich sah sie. Die Stille in meinem Ohr war lauter als der gesamte Lärm des Kriegs. Sie sind ertrunken in tiefem Schlaf. Genau wie die Menschen ertrunken sind im Meer auf dem Weg nach Europa. Es ist ein langer, tiefer, unendlicher Schlaf. Und ich habe bei ihnen geschlafen.*

- hinter der Bühne eines Theaters (backstage sein),
- die Theaterakademie Köln,
- durch einen blättergesäumten Wald spazieren,
- eine warme herzliche Umarmung,
- alleine im Theater zu sein,
- auf dem Sofa unter der Decke liegen und bei einem alten Film einschlafen,
- satt sein, aber noch ein großes Eis essen,
- Obst von Bäumen und Sträuchern pflücken und essen,
- Unter einem Baum im Sommer einschlafen,
- Im Sommer in der Abendsonne spazieren oder auf einer Liege liegen,
- Warme Milch mit Honig trinken,
- An einem Fluss oder am Meer entlang laufen,
- Wertschätzung erfahren,
- Mit anderen eine gute Zeit verbringen
- Den Himmel beobachten bei Sonnenaufgang, Sonnenuntergang und in der Nacht,
- Sich an einen guten Freund anlehnen,
- Für jemanden etwas kochen oder backen und das Lächeln der Person zu sehen, wenn es schmeckt,
- Im Winter einen Apfel-Zimt-Auflauf riechen,
- Frisch gemahlenen Kaffee riechen.

Nicole, ♀, *1992, Deutschland

Am nächsten Tag bin ich im Krankenhaus aufgewacht und ich habe gewusst, dass fast meine ganze Straße in tiefen Schlaf gefallen ist. Und die Menschlichkeit ist mit ihnen eingeschlafen. Die Liebe ist mit ihnen eingeschlafen. Damaskus' Jasmin wurde erstickt durch das Sarin. Und die Farbe trägt ihre dunklen Klamotten. Sie ist traurig wegen der Kinder. Die Kinder sind zu früh eingeschlafen und konnten sich noch nicht an den Farben erfreuen. Was nutzt die Farbe ohne Kind?

Jetzt sind da zwei Wege. Den Weg des Hasses, des Krieges, das ist nicht mein Weg. Wie kann ich anderen antun, was mit meiner Familie passiert ist? Der andere Weg, die Liebe, wo soll ich sie suchen? Meine Liebe ist eingeschlafen. Wohin soll ich gehen? Wohin würdest du an meiner Stelle gehen? Wohin?!

Was ich dir erzählt habe, ist nur eine Geschichte. Eine Nacht aus sechs Jahren Krieg.

Du fragst mich immer nach meiner Heimat und ich antworte dir jedes Mal mit einem Wunschbild. Ich wache morgens auf und presse meine schwarze Erinnerung in eine Tasse Kaffee. Tropfen für Tropfen. Ich rühre ein bisschen Zucker dazu, damit er nicht so bitter ist. Aber in Wahrheit bleibt der Kaffee schwarz und bitter und meine Erinnerung auch.

Willst du wirklich wissen, was meine Heimat ist? Die Sehnsucht ist meine Heimat, der Schmerz ist meine Heimat, die Einsamkeit ist meine Heimat. Ich bin meine Heimat.

(Fasst sich wieder) *Du hast mir nicht gesagt, was hast du heute gegessen?* ¶

Saaid Al-Hallak

Meer, halte deine Wellen ruhig

Besetzung: Majid, junger Syrer; Slo, sein bester Freund; Esra, Freundin von Majid.

1. Szene

Slo: *Sag mir, dass das nicht stimmt, was ich gehört habe.*

Majid: *Doch leider. Es ist wirklich eine schlechte Nachricht.*

Slo: *Das ist nicht nur eine schlechte Nachricht, sondern eine Katastrophe, dass du zum Militär gehst.*

Majid: *Was soll ich denn machen? Ich möchte hier bleiben. Und wenn ich hier bleibe, muss ich in den Krieg gehen.*

Slo: *Du solltest an einen Ort gehen, an dem du leben kannst, an dem du ein Mensch sein kannst, wo du sicher bist.*

Majid: *Ich weiß nicht, welchen Ort du meinst. Ich weiß nicht, ob ich an einem anderen Ort als Syrien leben kann. Meine Heimat ist doch hier.*

Slo: *Heimat? Von welcher Heimat in Syrien sprichst du? Hier gibt es doch nur Waffen und Krieg. Ist das für dich Heimat?*

Majid: *Heimat kann man sich nicht aussuchen, sondern sie sucht uns aus. Meine Heimat ist hier.*

Slo: *Ich weiß, dass wir hier geboren wurden, aber das heißt nicht, dass wir hier bleiben müssen. Wenn die Syrier sich gegenseitig nicht mehr lieben, dann ist es ein hartes Leben. Deswegen müssen wir uns eine neue Heimat suchen.*

- wo ich schlafen kann,
- wenn ich Kaffee trinken kann,
- wenn ich Sahleb trinken kann (Milch, Maisstärke, Zucker, Zimt),
- wo ich in meinem Zimmer bleiben kann,
- der Geruch von Benzin auf der Straße – schön, schön, schön!
- arabische Musik.

Esra & Siba, ♀, *2002 & *2003, Syrien

… der Ort, an dem ich mich zu Hause fühle. Der Ort, wo meine Wurzeln sind und meine Familie. Heimat ist ein Gefühl von Geborgenheit und Sicherheit.

Caroline, ♀, *1981, Deutschland

Majid:	*Selbst wenn ich von hier weggehe, weit, weit weggehe... wie soll ich vor meiner Heimat fliehen? Sie ist doch ein fester Teil von mir. Ich habe Angst vor der Flucht, ich habe Angst vor dem Leid.*
Slo:	*Aber wenn du hier bleibst, dann erwartet dich auch Angst und Leid. Heimat ist ein Gefühl, und Gefühle können sich ändern. Ich bin mir sicher, dass du auch an einem anderen Ort zu Hause sein kannst.*
Majid:	*Du hast wahrscheinlich Recht. Ich muss meine Angst vor der Flucht überwinden. Es gibt keine andere Möglichkeit als zu fliehen.*

2. Szene

Majid:	*Esra, Esra wo bist du? Ich brauche dich!*
Esra:	*Majid mein Liebling, was ist los, ich bin ja schon da, keine Angst.*
Majid:	*Ich muss etwas mit dir besprechen, ich habe ein großes Problem. Ich muss meinen Kriegsdienst antreten.*
Esra:	*Echt, warum? Seit wann weißt du das denn?*
Majid:	*Wie du weißt, bin ich 18 geworden. Und wenn ich hierbleibe, werde ich Teil der Kriegsmaschinerie. Ich bin in einer schrecklichen Situation.*
Esra:	*Oh Majid, das tut mir so leid. Was kann ich für tun? Wie kann ich dir helfen, was kann ich machen?*
Majid:	*Du weißt, dass du nichts machen kannst. Du weißt, dass ich im Krieg sterben werde.*
Esra:	*Aber was willst du denn jetzt machen?*

I want to start with the famous words by Martin Luther King: ›I have a dream that one day this nation will rise up, and live out the true meaning of its creed: We hold these truths to be self-evident: that all men are created equal. I have a dream that one day on the red hills of Georgia the sons of former slaves and the sons of former slave owners will be able to sit down together at a table of brotherhood. I have a dream that one day even the state of Mississippi, a state sweltering with the heat of injustice and sweltering with the heat of oppression, will be transformed into an oasis of freedom and justice. I have a dream that my four little children will one day live in a nation where they will not be judged by the color of their skin, but by the content of their character. I have a dream today!‹

I also have a dream to stop this game media manipulation. Hunger, racism, hate – this will only guides us to darkness. I want to say that we have to learn together as brothers or we will perish together as fools. I want to stop our destiny to stupidity through the vast lies of some politicians connected to some hidden super power. In the end I want to say, that it is hard to take the first step when you don't see the whole staircase.

Ameur, ♂, *1996, Tunesien

… die Stille der Natur, Freunde, Vertrauen.

Nicole, ♀, *1970, Deutschland

Majid: *Keine Ahnung. Aber mein Bruder hat gesagt ich soll fliehen. Und ich glaube er hat Recht.*

Esra: *Aber was ist denn dann mit uns? Hast du dir darüber schon Gedanken gemacht?*

Majid: *Ja natürlich, wir gehen doch zusammen oder?*

Esra: *Aber Majid, wie stellst du dir das vor? Ich kann nicht hier weg.*

Majid: *Warum nicht?*

Esra: *Du weißt doch, dass mein Vater verletzt ist. Er hat niemanden, der sich um ihn kümmern kann, seit meine Mutter gestorben ist. Er braucht mich doch.*

Majid: *Aber wenn ich gehe, und du hier bliebst... Trennen wir uns dann oder wie?*

Esra: *Ich weiß es nicht Majid. Aber haben wir denn eine andere Möglichkeit?*

Majid: *Ich glaube nicht. Vielleicht haben wir keine andere Möglichkeit. Es tut mir leid, aber ich muss jetzt gehen.*

Esra: *Ich kann das kaum glauben, dass wir uns jetzt das letzte Mal sehen. Ich wünsche dir viel Glück für deinen Weg. Und vielleicht treffen wir uns irgendwann noch einmal im Leben.*

Majid: *Esra, du bleibst immer ein Teil von mir, auch wenn wir uns nicht sehen. Unsere gemeinsame Zeit wird uns bleiben.* (Zieht Rucksack an, beide umarmen sich, Esra geht)

3. Szene

Majid: *Soll ich fliehen, oder soll ich zurückgehen? Hier ist die Grenze, hier muss ich mich entscheiden. Soll ich fliehen, oder soll ich zurückgehen?*

Auch wenn ich mich entscheide zu gehen, es wird ein schwerer Weg sein. Ich muss mit dem Schlauchboot über das Meer, und die Wälder zu Fuß durchqueren, es sind tausende von Kilometern und es ist sehr gefährlich. Vielleicht werde ich dabei sterben. Sogar wenn ich das alles schaffe, das Meer, den Wald, den langen Fußweg, werde ich wieder von null anfangen müssen, mit einer neuen Sprache und einer neuen Kultur. Aber natürlich ist es besser, als hier zu bleiben. Hier habe ich meine Träume verloren. Hier habe ich meine Freundin verloren. Hier ist der Frieden blind, sieht nicht die Waisen auf den Straßen. Er ist taub und kann das schluchzen der Menschen nicht hören.

Meer, ich bitte dich, halte deine Wellen ruhig. Die Schlauchboote, die du trägst, sind voller Träume. Wald, ich bitte dich, lass deine Bäume die Flüchtlinge vor Sonne und Regen schützen. Die Menschen, die dich durchqueren haben genug gelitten. ¶

Alkhouri

FÜR MICH...

- die Stadt der Liebe, Qamischli,
- dass in Qamischli alle friedlich zusammen leben, trotz verschiedener Kulturen und Religionen (ohne den IS...),
- mit meiner Familie Musik zu machen, jeder mit seinem eigenen Instrument,
- wenn mir meine Mama am Telefon das Rezept von meinem Lieblingsessen verrät und ich ihr ein Foto vom Ergebnis schicke,
- etwas zusammen mit meiner Familie unternehmen. Zusammen in unserem Garten sitzen, Karten spielen und Tee trinken,
- im Regen Bahn fahren, aus dem Fenster schauen und Musik zu hören.

Masod, 🚹, *1996, Syrien/Kurdistan

... Familie, Freunde, Frieden – alles hatte ich immer und überall. Darüber nachzudenken war nie existentiell notwendig. Es macht mich traurig und mich überkommt eine Scham, wenn ich erfahre, erlebe und erzählt bekomme, dass das nicht normal ist. Ich wünsche Heimat allen Menschen überall.

Kaspar, 🚹, *1984, Deutschland

Erste und zweite Heimat

Besetzung: Sieno, junger Mann aus Syrien; andere junge Männer; Stimme von Sienos Mutter aus dem Off. Der erste Teil jeder Szene spielt in Syrien, der zweite Teil in Deutschland.

1. Szene

Aufwachen 1 – Sieno, Mutter im Nachbarraum

Mutter: *Mein Sohn, steh auf. Du hast Schule. Du kommst sonst zu spät.*

Sieno: *Ja, Mutter, ich steh auf.* (steht auf, macht sein Bett und geht ins Bad)

Aufwachen 2 – Sieno im Schlafzimmer, der Wecker klingelt.

Sieno: (schaltet ihn aus) *Nur noch fünf Minuten.* (dreht sich um und schläft wieder ein)

Einige Zeit später, das Handy klingelt.

Sieno: *Ja? Was? Wie spät ist es? Ich komme, danke! Sag, die Bahn ist ausgefallen.*

2. Szene

Biertrinken 1 – Sieno mit seinen Freunden. Sie sitzen im Halbkreis auf Klappstühlen oder Mauervorsprüngen. Einer von ihnen hat ein Sixpack Bier dabei.

1. Freund: *Heute war es schön.*

2. Freund: *Ja, hat Spaß gemacht.*

Sieno: *Du hattest aber auch ein paar richtig gute Würfe.*

3. Freund: *Danke. Du auch.*

2. Freund: *Es wäre schön, wenn wir immer so friedlich miteinander spielen könnten.*

- Meine Familie
- Mein Mann
- Meine Katze
- Felder und Wiesen, die von oben gerade Ränder haben
- Feuergeruch/der Kamin bei meinen Großeltern

Juana, ♀, *1983, Deutschland

- ein schwer definierbares Gefühl. Es ist stark an Orte, an Menschen und auch an Gefühle geknüpft,
- die Straße zu meinem zu Hause entlang zu gehen, und alles zu kennen, dann fühle ich mich frei. Mich zu freuen, auf alles Vertraute, das auf mich wartet und ein Gefühl der Erleichterung zu verspüren. Zu wissen, wie viele Schritte ich noch brauche, wie es sich anfühlt, den Schlüssel im Schloss umzudrehen und wie es riecht, wenn ich durch die Türschwelle trete,
- vertraute Menschen im mich herum zu haben, die mich verdammt gut kennen. Mit denen ich Stunden und Tage verbringen kann und egal ob wir reden oder nicht, ein gegenseitiges Gefühl der Liebe immer dabei ist,
- etwas zu tun, was ich liebe und dabei ganz nah bei mir selbst zu sein. In einen anderen Modus zu springen, nicht zu reflektieren oder zu grübeln, sondern zeitlos zu sein, und intensiv, und frei und glücklich. Meistens muss ich dann weinen.

Elsa, ♀, *1994, Deutschland

1. Freund: *Wie meinst du das? Wegen dem Krieg?*

2. Freund: *Ja, genau.*

Sieno: *Ja, seitdem ist das Leben schlechter geworden.*

1. Freund: *Leider.*

3. Freund: *Aber was sollen wir dagegen machen?*

Sieno: *Wir könnten woanders hingehen.*

2. Freund: *Und wohin?*

Sieno: *Keine Ahnung.*

3. Freund: *Wohin gehen denn die anderen?*

2. Freund: *In die Türkei, nach Griechenland, nach Frankreich oder nach Deutschland.*

1. Freund: *Deutschland! Das wär's.*

Sieno: *Warum Deutschland?*

1. Freund: *Weil wir da eine Ausbildung machen können, eine Arbeit finden können und endlich wieder in Frieden leben können.*

3. Freund: *Und was ist, wenn wir da nicht zusammen bleiben können? Wenn man uns trennt und an unterschiedliche Orte schickt?*

2. Freund: *Das ist nicht so schlimm. Wir können uns ja besuchen.*

Sieno: *Hauptsache wieder frei leben.*

Biertrinken 2 – Sieno sitzt alleine auf einem Stuhl auf der Bühne und will ein Bier trinken. Er schaut sich um, aber es ist niemand da, niemand kommt. Er stellt das Bier nach einer Weile ab und geht ab.

CLIQUE
XCHERRY

3. Szene

Isis – Sieno läuft eine kurze Strecke und begegnet zwei Männern. Einer der beiden rempelt Sieno an.

1. Mann: *Warum hast du das gemacht?*

2. Mann: *Ja, warum hast du das gemacht?*

Sieno: *Was?*

2. Mann: (stößt ihn an) *Das!*

Sieno: *Das war ich nicht, das war er.*

1. Mann: *Stimmt nicht, das warst du.*

2. Mann: *Was machst du überhaupt hier?*

Sieno: *Nach Hause gehen.*

2. Mann: *Darfst du überhaupt hier sein? Bist du überhaupt Moslem?*

Sieno: *Nein.*

Die beiden Männer fangen an, Sieno zu schubsen.

1. Mann: *Hast du eine Religion?*

Sieno: *Ja, habe ich. Warum fragst du?*

1. Mann: *Wenn du kein Moslem bist, hast du hier nichts verloren.*

2. Mann: *In unserer Religion ist es erlaubt Nicht-Moslems zu töten. Weißt du das?*

Sieno: *Seid ihr vom ISIS?*

2. Mann: *Ja. Du musst uns angehören, um hier sein zu dürfen.*

1. Mann: *So darfst du hier nicht leben.*

FÜR MICH…

- Träume
- Musik
- Die Menschen
- Liebe und Berge

Fatma, ♀, *2003, Armenien

- jeden Tag mit meiner Frau zu telefonieren,
- mit Freunden deutsch zu sprechen,
- in meinem Garten die Blumen und die Bäume zu pflegen,
- gute Artikel und Reportagen zu schreiben,
- Menschen zu treffen und mit ihnen zu sprechen,
- Tischtennis zu spielen.

Eskandar, ♂, *1979, Iran

- wo ich studieren kann,
- wo ich den Duft der Blumen in meinem Haus riechen kann,
- wenn ich meine Eltern und meine Geschwister sehen kann,
- der Kaffee, den mein Vater zubereitet,
- wenn ich meine Eltern und meine Geschwister zum Lachen bringen kann.

Sleman, ♂, *1993, Iran

Einer der beiden Männer hält Sieno die Arme auf dem Rücken fest, der andere verpasst ihm Faustschläge, Sieno sinkt immer mehr ein, dann treten die Männer auf ihn ein.

1. Freund: (kommt angelaufen) *Majid, Masod, Sleman, kommt schnell!* (Die beiden Männer fliehen, 1. Freund geht zu Sieno und versucht ihm zu helfen)

Mutter: *Sieno! Was ist passiert? Oh Gott, komm erstmal mit nach Hause. Ich kümmere mich um dich.* ❡

Nazis

Stimmen: *Wir sind das Volk! Wir sind das Volk!*

2. Nazi: *Guck mal da. Noch so ein Jobklauer. Dem zeigen wir's!*

2. Nazi: *Wir wollen euch hier nicht! (rempelt Sieno an)*

Sieno: *Was habe ich euch getan?*

1. Nazi: *Ihr kommt hierher, nehmt uns unsere Jobs weg, kriegt unser Geld und wollt, dass wir eure Religion annehmen!*

(Die beiden Nazis fangen an Sieno zu schubsen)

Sieno: *Aber ich möchte hier nur in Freiheit leben.*

2. Nazi: *Ja, ist klar!*

Sieno: *Ich wollte kein Flüchtling sein, aber das Leben hat mich zu einem gemacht.*

1. Nazi: *Dann flieh mal schön woanders hin!*

FÜR MICH...

- in Frieden zu leben,
- wo es sicher ist,
- Hilfsbereitschaft,
- nach Hause zu kommen und von Mama erwartet zu werden mit Essen und frisch gewaschener Wäsche,
- mich verständigen zu können.

Naveed, 🚹, *1992, Kurdistan

- das Gefühl von warmen Regen an lauen Sommerabenden
- meine Freunde und meine Familie um mich zu haben
- sich sicher zu fühlen, keine Angst haben
- im Wald spazieren zu gehen
- die Freiheit alles tun zu können, einfach ans Meer zu fahren
- Offenheit, andere Kulturen kennen lernen zu dürfen
- nach einer anstrengenden Woche das Wochenende mit Freunden einzuleiten, die letzten Sonnenstrahlen genießen und lachend morgens früh heimzukommen
- sich mit der ganzen Familie bei Omi zu treffen, wild durcheinander zu reden über alte Zeiten
- nach Hause kommen
- sich ausprobieren dürfen, sich verlieren zu können

Jacqueline, 🚺, *2001, Deutschland

1. Nazi hält Sieno die Arme auf dem Rücken fest, der andere verpasst ihm Faustschläge, Sieno sinkt immer mehr ein, dann treten die beiden Nazis auf ihn ein.

2. Nazi: (schaut sich um) *Los, komm, bevor uns wer sieht.* ❡

Sieno Sado

Sylvesternacht

Besetzung: Ein Flüchtling, mehrere Fahrgäste. In der U-Bahn.

Mehrere Deutsche sitzen und stehen in der U-Bahn. Eine Person trinkt eine Flasche Bier. Ein Platz ist frei. Der Flüchtling steigt ein und setzt sich neben einen Deutschen. Der Deutsche guckt irritiert, steht dann auf, setzt sich woanders hin. Der Flüchtling nimmt ein Buch heraus, liest. Die Person A hat ihr Smartphone in der Gesäßtasche ihrer Jeans. Eine andere Person stellt sich nahe heran, zieht vorsichtig das Smartphone aus der Tasche und entfernt sich. Nach einer Weile sucht Person A ihr Smartphone und findet es nicht.

A: *Scheiße. Mein Smartphone ist weg. Hat jemand mein Smartphone gesehen?*

B: *Das hat ein Flüchtling geklaut.*

A: *Haben sie das gesehen?*

B: *Ziemlich genau. So aus den Augenwinkeln. Dunkle Haare, dunkle Haut, schäbig gekleidet.*

A: *Und wo ist er hin?*

B: *Ausgestiegen.*

A: *So ein Mist aber auch.* (A entfernt sich)

B: *Erstatten sie Anzeige! Damit der ausgewiesen wird.*

Ich habe
nichts

Biertrinker: *Flüchtlinge sind Mist. Die klauen uns hier alles weg.*

B: *Viel zu viele haben wir hier. Und es sind ja auch Terroristen dabei.*

Biertrinker: *Alle Flüchtlinge sind schlecht.*

Flüchtling: (schließt sein Buch) *Warum sagen sie das?*

B: *Die klauen wie die Raben.*

Flüchtling: *Haben sie gesehen, dass ich etwas gestohlen habe?*

B: *Nein. Ich meine ja auch nicht sie, sondern die andern alle.*

Flüchtling: *Schauen sie sich meine Hand an. Sind alle Finger gleich?*

B: (schweigt)

Flüchtling: *So sind auch wir Flüchtlinge nicht alle gleich. Wenn einer klaut, klauen deswegen noch nicht alle anderen.*

B: (schweigt)

Flüchtling: *Und jetzt schauen sie sich ihre Hand an. Sind alle Finger gleich? Sind alle Deutschen gleich?*

Biertrinker: *So ein Quatsch. Ausländer raus!*

Flüchtling: (steht auf, geht zu Biertrinker) *Sie trinken Bier. Das ist hier verboten. Ich habe eine Aufenthaltserlaubnis. Ich bin hier erlaubt.* (geht ab) ¶

... sich wohlzufühlen und sein Leben leben zu können. Man sollte sich die Freiheit nehmen dürfen/können, das zu tun, wonach einem der Sinn steht. Auch Freunde und Familie sind für mich Heimat. Heimat ist für mich weitestgehend sorglos leben zu dürfen, ohne Angst und Furcht. Heimat ist für mich akzeptiert und geliebt zu werden, ohne ständig zweifeln zu müssen.

Carolin, ♀, *1992, Deutschland

... Deutschland. Das klingt jetzt vielleicht irgendwie politisch »rechts«, ist aber nicht so gemeint. Innerhalb von Deutschland fällt es mir schwer, meine Heimat genauer zu verorten, weil ich in verschiedenen Regionen gelebt habe. Meine Heimat ist jedenfalls keine sehr bestimmte Regionalkultur. Jedenfalls nicht Bayern oder Ost-Deutschland oder Nord-Deutschland oder Hessen. Eher Westfalen, Ruhrgebiet, Rheinland... In erster Linie mache ich meine Heimat an der Sprache fest (deutsch) in zweiter Linie an den deutschen Landschaften, insbesondere an den Wäldern. Deutsche Küche ist mir dagegen egal. Ich mag lieber die italienische Küche.

Unbekannt, ♀, *1960, Deutschland

Heimat ist kein Ort, sondern ein Gefühl

Im Flugzeug auf dem Weg nach Australien. Person 1: Business-Frau; reist viel; 35 Jahre; Heimat: zu Hause bei ihrer Familie / Person 2: Weltenbummler; 22 Jahre; Heimat: Gefühl / Person 3: Austauschschülerin; 16 Jahre; Heimat: Freunde.

Person 2: *Fliegst du zum ersten Mal nach Australien?*

Person 3: *Nein, ich habe die letzten zwei Jahre dort verbracht. Musste jedoch zurück nach Deutschland, weil mein Austausch zu Ende war.*

Person 2: *Und du fliegst wieder hin?*

Person 3: *Bei meinen Eltern zu Hause habe ich mich nicht mehr wohl gefühlt. Alles hat sich verändert. Ich fühlte mich dort nicht mehr heimisch. Daher fliege ich zurück nach Australien und werde bei meiner besten Freundin dort leben. Was ist mit dir?*

Person 2: *Ich war vor ein paar Jahren schon dort, nachdem ich in den Philippinen war. Ich reise sehr viel und auf dem Weg habe ich mir ein paar Freunde gemacht. Und die gehe ich jetzt besuchen. Um ehrlich zu sein, verstehe ich dich sehr gut, dass du dich dort heimisch fühlst. Meine Heimat ist dort, wo ich gerade bin, wo ich mich zurzeit am wohlsten fühle.*

Person 1: *Willst du damit sagen, dass überall ihre Heimat ist? Das verstehe ich nicht. Heimat ist doch immer ein fester Ort. Es ist zu Hause in Deutschland, meinem Geburtsort, dort wo meine Familie ist.*

Person 3: *Familie? Pfffft. Freunde sind viel wichtiger. Die kann man sich aussuchen, die Familie aber nicht. Bei Freunden fühlt man sich wohl. Die sind die Heimat. Die sind mein Zuhause.*

- meine Heimat ist da, wo die Menschen mich verstehen und ich sie verstehe,
- meine Heimat ist da, wo ich sein kann, wie ich bin,
- meine Heimat ist da, wo ich Fehler machen kann,
- meine Heimat ist da, wo ich meine Sprache sprechen kann, sei es deutsch, englisch, ukrainisch oder meine ganz eigene Sprache.

Daryna, ♀, *1989, Vinnyzia, Ukraine

… Fabia ♥

Vera, ♀, *1992, Deutschland

… das Meer, die Sonne, Kultur, Liebe, Leidenschaft, Inspiration. Es ist für mich das Umarmen von meinem Vater und meiner Mutter. Die Wärme dich ich dabei spüre. Die Luft, die meinen Körper berührt und die Wärme, die die Sonne ausstrahlt.

Stella, ♀, *1992, Griechenland

… Familie, Freunde und Leute, die mich verstehen. Ein Bett, in dem ich mich wohl fühlen kann. Wenn ich weiß, dass dort jemand wartet.

Muriel, ♀, *1993, Deutschland

Person 1: *Aber was ist mit deinem Geburtsort? Dort, wo du aufgewachsen bist? Du kannst doch nicht behaupten, dass dies nicht dein Zuhause ist.*

Person 3: *Es war einmal mein Zuhause. Natürlich. Aber nicht mehr. Nicht, wenn ich mich dort nicht mehr wohl fühle.*

Person 2: *Da muss ich ihr aber zustimmen. Es ist das Gefühl, was deine Heimat ausmacht. Kein Ort.*

Person 1: *Deutschland ist meine Heimat.*

Person 2: *Du musst dich fragen warum. Warum nennst du es deine Heimat?*

Person 1: *Weil ich mich dort mit meiner Familie und in meinem Haus wohl fühle.*

Person 2: *Siehst du? Heimat ist kein Ort, sondern ein Gefühl.* ¶

≣ **Schüler*innen des Gymnasiums Kreuzgasse**

FÜR MICH…

- Familie
- Freunde
- Rheinland
- Das Essen von Oma

Unbekannt, ♀, *1993, Deutschland

To feel comfortable I have to live in a street where all people like each other. It has to be a safe place because I miss this feeling in my country Syria. My ambition is a small house and to have work. The most important to me is to give a real image of my people in Syria, which was damaged by the acts of Assad. This will also damage the image of Islam. We do not have a verse in the Quran that allows to kill a human being. Only so in self-defending cases. I want my poems to be translated into german language. They speak about the criminal acts of Assad since 30 years.

Yaroub, ♂, *1996, Syrien

… der Planet, den wir bewohnen. Heimat sind die Menschen in meinem Herzen. Heimat ist Musik, Liebe, Freiheit.

Georgios, ♂, *1984, Griechenland

6. CASINO HEIMAT ROYAL AM PLATZ DER NATIONALEN SCHÖNHEIT

Reboot the system. Eine Freiluftbühne mit ebenem Vorplatz. Mitten auf dem Platz, zwischen dem Publikum steht ein Buzzer. Dieser muss nach Aufforderung durch den/die Moderator*in vom Publikum betätigt werden. Erst dann geht die Darstellung auf der Bühne weiter. Moderator*in, verschiedene Darsteller*innen. Zu Beginn sind außer dem/der Moderator*in alle Darsteller*innen im Freeze.

Moderator*in: *Guten Abend meine Damen und Herren und herzlich Willkommen, hier auf dem Platz der nationalen Schönheit und hier bei uns im Casino Heimat Royal. Einst gab es buntes Treiben, vielfältiges Leben – aber nun meine Damen und Herren, sie sehen es selbst: unsere Welt ist eingefroren. Wie ein abgestürzter Computer. Es gibt nur noch ein Standbild. Aber Sie können uns helfen, Sie können das System zurücksetzen, einen Neustart durchführen, den roten Knopf drücken. Und ich verspreche ihnen, sie erleben Träume, Utopien, hören viel Zitiertes und nie Gesagtes.*

Kommen Sie, trauen Sie sich! Sie haben drei Versuche, unsere Welt zu bewegen!

Reboot the system: Wenn ein Zuschauer den Buzzer drückt ist ein Signal zu hören, drei Darsteller werden lebendig und treten an die Rampe. Lichtwechsel.

Darsteller 1: *Ich möchte beginnen mit den berühmten Worten von Martin Luther King:*

Darsteller 2: *I have a dream!* (Dieser Satz wird von den anderen Darstellern schnell in ihrer jeweiligen Landes-, Geburts- oder Wunschsprache wiederholt)

Darsteller 1: *Ich habe einen Traum, dass eines Tages diese Nation sich erheben wird und ihrer Überzeugung gemäß leben wird:*

FÜR MICH...

- da, wo ich mit meiner Familie zusammen sein kann,
- da, wo man dazu gehört und nicht ständig gefragt wird: Und? Wo kommst Du her?
- da, wo ich nicht ständig wegen meiner Hautfarbe auffalle,
- aber auch da, wo ich sicher bin und ohne Angst leben kann.

Shikiba, ♀, *1968, Afghanistan, Deutschland

- die Heimat ist meine zweite Mutter.
- Heimat ist mein Bewusstsein.

Hicham, ♂, *1960, Syrien

... umgeben zu sein von den Menschen, die ich liebe. Heimat bedeutet für mich, an einem Ort zu leben, in dem ich frei sein kann. Mit »Sein« meine ich, ungeachtet meiner Nationalität, meinem Glauben oder meinem Äußeren zu sein. Mit »Sein« meine ich nicht nur meine physische Präsenz, sondern ich möchte die Freiheit haben, mich individuell entwickeln zu können... Entscheidungen zu treffen, unabhängig von einem übergeordneten Regelkatalog. Wenn ich mich an einem solchen Ort befinden würde, wären es aber trotz aller Rahmenbedingungen die Menschen, die diesen Ort zu meiner Heimat machen würden.

Anni, ♀, *1990, Deutschland

Darsteller 2: *Wir halten diese Wahrheit für selbstverständlich: dass alle Menschen gleich erschaffen sind.*

Darsteller 1: *Ich habe einen Traum, dass meine vier kleinen Kinder eines Tages in einer Nation leben werden, in der man sie nicht nach ihrer Hautfarbe, sondern nach ihrem Charakter beurteilen wird.*

Darsteller 2: *Und, genau wie Martin Luther King, habe auch ich einen Traum! Den Traum, dass die Medien-Manipulation gestoppt werden kann. Ich möchte, dass unser Schicksal nicht mehr von einzelnen Politikern und ihren wilden Lügen bestimmt wird.*

Darsteller 1: *Hunger, Rassismus, Hass – das führt uns nur in die Dunkelheit. Ich will Euch sagen, dass wir lernen müssen, zusammenzuleben wie Brüder und Schwestern oder wir werden zusammen untergehen, wie die letzten Dummköpfe.*

Darsteller 3: *Mein Traum ist es, dass Gesetze existierten, Gesetze für alle, ohne Ausnahme. Die wichtigsten Grundlagen dafür sind:*
Die Justiz
Die Meinungsfreiheit
Die Gedankenfreiheit
Die Religionsfreiheit
Die Medienfreiheit
Die Glaubensfreiheit
Das Recht auf Arbeit und Bildung – für alle
In meiner Traumheimat hat der ISIS keinen Platz.

Darsteller 2: *Und nicht zuletzt möchte ich Euch sagen, dass es sehr schwer ist, die erste Stufe zu nehmen, wenn du noch nicht die ganze Leiter sehen kannst.*

Alle: *Aber wir haben einen Traum. Heute.*

Die drei Darsteller gehen an ihre Plätze zurück und fallen wieder in ihren Freeze zurück. Ein Signal ertönt. Lichtwechsel.

FÜR MICH…

- Zu Hause ist, wo meine Mutter ist.
- Kein Krieg = Friede.
- Ramadan. Mit Lichtern dekoriert.
- Gute economy.
- Vaters Schuhe vor der Tür zu sehen, wenn ich heim komme.
- Meine Mutter zu umarmen.
- Die Augen von meinem Schatz = meine Heimat.
- Friede. Liebe.
- Eine kleine Zigarette am Morgen + arabischer Kaffee.

Saaid, *1995, Syrien

… Heimat bedeutet für mich Herz, Blut, Luft – alles was man braucht in der lieben Heimat – das bedeutet auch Familie, Freunde. Heimat kann man nicht beschreiben. Egal wie man es schreibt, man kann nicht erreichen, was man sagen will. Ich bin seit zweieinhalb Jahren in Deutschland. Aber meine Gefühle, meine Gedanken sind bei meiner Heimat. Die Landschaft, meine Kindheit – ich kann das nicht vergessen, das bleibt im Herz.

Salah, *1984, Kurdistan

Moderatorin: *Vielen Dank, aber leider, Sie sehen es selbst, ist unsere Welt erneut eingefroren. Wir benötigen also noch einmal Ihre Hilfe. Kommen Sie zum Buzzer und tun Sie etwas Weltbewegendes.*

Reboot the system: Wenn ein Zuschauer den Buzzer drückt ist ein Signal zu hören, ein Darsteller wird lebendig und tritt an die Rampe. Lichtwechsel.

Darsteller 4: *Was soll ich dir sagen, oh Nation,*
und was soll ich vor dir verbergen.
Alles, was von dir geblieben ist,
ist Demütigung und Entsetzen.
Tröste mich, tröste mich so gut du kannst –
und ich werde dich trösten.
Lass uns die Last der Krise teilen.
Lass uns die Last teilen,
Ich weine nicht über meine Vertreibung,
ich weine um dich.
Und ich bitte dich
lass deine Gedanken über mich nicht ohne Hoffnung sein.
Ich bin verbannt worden.
Ich bin verbannt worden,
nur weil ich dir mit meiner Seele diene.
Sag nicht eines Tages, dass du mich brauchst,
denn du warst nicht da.
Was soll ich dir sagen, oh Nation?
Sie haben mich zu einem Fremden gemacht.
Und ich fand niemanden, der mich fragte:
Was stimmt nicht mit dir?
Und selbst wenn sie mich fragen:
Noch bevor ich antworten kann,
sehe ich die Menschen, die mir am liebsten sind,
nur auf den Augenblick warten, da ich den kleinsten Fehler mache,
damit sie mich bestrafen können.
Wenn du in der Fremde bist, berühren dich die Stiche nicht, die man dir zufügt.
Wenn du dich umdrehst und siehst, es ist dein Freund, der dich niedersticht, dann tut es weh.
Und wenn du siehst, es ist ein Fremder,
der dich heilt,

wird der Schmerz noch größer.
Und du erkennst:
Der Grund für all deinen Schmerz liegt bei den Menschen, die dir am nächsten sind.

Der Darsteller geht an seinen Platz zurück und fällt wieder in den Freeze. Ein Signal ertönt. Lichtwechsel.

Moderatorin: 3 – 2 – 1- Dies ist nun der letzte Versuch. Vielleicht können wir gemeinsam etwas bewegen?

Reboot the system: Wenn ein Zuschauer den Buzzer drückt ist ein Signal zu hören, alle Darsteller verharren regunslos im Freeze. Die Moderatorin tritt an die Rampe. Lichtwechsel.

Moderatorin: *Und nun will ich euch mal was sagen:*
Es ist ja nicht wahr, dass jene, die sich ›national‹ nennen, dieses Land und seine Sprache für sich gepachtet haben. Wir sind auch noch da.

Sie reißen den Mund auf und rufen: »Im Namen Deutschland!« Sie rufen: »Wir lieben dieses Land, nur wir lieben es. Es ist nicht wahr.

Im Patriotismus lassen wir uns von jedem übertreffen – wir fühlen international. In der Heimatliebe aber von niemandem! Nicht einmal von jenen, auf deren Namen das Land grundbuchlich eingetragen ist. Unser ist es.

Und so widerwärtig mir jene sind, die – umgekehrte Nationalisten – nun überhaupt nichts mehr Gutes an diesem Lande lassen, kein gutes Haar, keinen Wald, keinen Himmel, keine Welle – so scharf verwahren wir uns dagegen, nun etwa ins Vaterländische umzufallen. Wir pfeifen auf die Fahnen – aber wir lieben dieses Land.

Und so wie die nationalen Verbände über die Wege trommeln – mit dem gleichen Recht, mit genau demselben Recht nehmen wir, wir, die wir hier geboren sind, wir, die wir besser deutsch schreiben und sprechen als die Mehrzahl der nationalen Esel – mit genau demselben Recht nehmen wir Fluss und Wald in Beschlag, Strand und Haus, Lichtung und Wiese: es ist unser Land.

- mit den Menschen zusammen zu sein, die ich liebe und gerne um mich herum habe.
- Den Kölner Dom zu sehen (obwohl ich nicht aus Köln komme).
- Die Frankfurter Skyline zu sehen, weil ich 3 Jahre dort gelebt habe.
- Meine Eltern zu sehen und in dem Haus in Wuppertal zu sein, in dem ich aufgewachsen bin.
- Mit meinem Bruder und meiner Cousine ein richtiges Gespräch zu führen, ohne seine oder ihre Familie um uns herum.
- Verkleidete Leute auf der Straße zu sehen, weil ich sehr lange schon in Köln lebe.
- Karnevalsmusik aus dem gleichen Grund.

Marietta, ♀, *1977, Deutschland

- Eine bekannte Stimme zu hören, oder ein bekanntes Gesicht zu sehen.
- Die Menschen, die mich umgeben.
- Das Gefühl, wenn mein Ausdruck eine Resonanz im Gegenüber erzeugt und Augen aus Empathie aufblitzen.

Björn, ♂, *1993, Deutschland

... Freundschaft – Vertrauen, Akzeptanz, Unterstützung, Kontakt und Nähe.

Laura, ♀, *1995, Deutschland

Wir haben das Recht, Deutschland zu hassen – weil wir es lieben. Man hat uns zu berücksichtigen, wenn man von Deutschland spricht. Uns, Freiheitsliebende aller Grade. Man hat uns mitzudenken, wenn ›Deutschland‹ gedacht wird... Wie einfach, so zu tun, als bestehe Deutschland nur aus den nationalen Verbänden

Deutschland ist ein gespaltenes Land. Ein Teil von ihm sind wir.

Und in allen Gegensätzen steht – unerschütterlich, ohne Fahne, ohne Leierkasten, ohne Sentimentalität und ohne gezücktes Schwert – die stille Liebe zu unserer Heimat.

Kurt Tucholsky 1929

Alle Darsteller verharren im Freeze. Nichts geschieht. Ein Signal ertönt. Lichtwechsel.

Moderatorin: *Leider waren wir nicht auf Dauer erfolgreich. Sie müssen sich deshalb vorerst einen neuen Raum suchen: Wärmen sie sich die Hände bei Gedichten am Lagerfeuer im Volkspark »Wohl unter Linden«, Lachen sie über Komödien im »Forum für heimatliche Ergreifung« oder lassen Sie sich berühren von Geschichten, die das Leben schrieb, im »Institut zur Schaffung eines staatenungebundenen Heimatbegriffes«. In ca. einer halben Stunde ertönt dann hier erneut das Signal zum Reboot und Sie haben noch einmal 3 Versuche.*

Im späteren Verlauf des Stückes:

Moderatorin: *Herzlich Willkommen meine Damen Herren. Schön, dass Sie wieder hier bei uns sind, um unser Casino Heimat Royal zu beleben. Sie haben erneut 3 Versuche um die Erstarrung zu durchbrechen. Drücken Sie den roten Knopf und helfen sie, den Verstummten ihre Sprache wieder zu finden. Ich verspreche Ihnen Witziges, Erlesenes und Harmonisches.*

Reboot the system: Wenn ein Zuschauer den Buzzer drückt ist ein Signal zu hören, zwei Darsteller werden lebendig und treten an die Rampe. Lichtwechsel.

- Meine Seminargruppe der BUND-Jugend
- Angenommen werden und zu lieben
- So zu sein, wie ich bin
- Kunst und kreativ sein
- Etwas lernen zu dürfen
- Buttermilchbohnensuppe mit Apfelpfannekuchen

Susanne, ♀, *1994, Deutschland

… Ruhe, Geborgenheit, so sein dürfen wie ich bin, Zuspruch, Wärme, meine Schwester, der Geruch von Regen auf Asphalt, Gänseblümchen als Kette flechten, Karneval, kölsche Musik, der Blick auf den Dom, Wälder und Felder, radfahren, lachen, Nächstenliebe, und so vieles mehr …

Caroline, ♀, *1979, Deutschland

- Mit Menschen zusammen zu sein, die ich liebe,
- Nordseeluft und rauher Wind,
- Frühstück mit meinen Eltern in ihrem Garten,
- Der Geruch im Torfmoor nach einem Sommertag,
- Karneval in der Kneipe schunkeln,
- Wenn ich in der Dolmetscher-Kabine sitze.

Ann, ♀, *1977, Rendsburg, Deutschland

Darsteller 5: *Ein alter Araber lebt seit über 30 Jahren in den USA. Er möchte in seinem Garten Kartoffeln pflanzen, aber er ist allein, alt und schwach. Deshalb schreibt er eine E-Mail an seinen Sohn, der in London studiert: »Lieber Mohammed, ich bin sehr traurig, weil ich in meinem Garten keine Kartoffeln pflanzen kann. Ich bin sicher, wenn du hier wärst, könntest Du mir helfen und den Garten umgraben. Dein Vater.« Schon kurz darauf wird die E-Mail des alten Mannes beantwortet:*

Darsteller 4: *Lieber Vater, bitte fasse auf keinen Fall irgendetwas im Garten an. Ich habe dort nämlich ›die Sache‹ vergraben. Dein Sohn Mohammed.*

Darsteller 5: *Es dauert keine 3 Stunden, da wird das Haus des alten Mannes von der US Army, der NSA, der CIA und dem FBI umstellt und die gesamte Straße abgeriegelt. Der Garten wird akribisch Scholle für Scholle auseinander genommen, jeder Millimeter wird abgesucht. Dennoch werden sie nicht fündig und ziehen enttäuscht wieder ab. Am Abend kommt eine weitere E-Mail vom Sohn:*

Darsteller 4: *Lieber Vater, ich gehe davon aus, dass der Garten jetzt komplett umgegraben ist und du Deine Kartoffeln pflanzen kannst. Mehr konnte ich leider nicht für dich tun. In Liebe, Dein Sohn Mohammed.*

Darsteller 5 bedankt sich als Vater bei seinem Sohn/Darsteller 4.

Darsteller 5: *Heimat ist für mich, wenn ich meine Eltern und meine Geschwister zum Lachen bringen kann. Und für dich?*

Darsteller 4: *Wo meine Heimat ist? Da wo mich niemand stört, niemand wissen will, wer ich bin, niemand wissen will, was ich tu, niemand wissen will, woher ich gekommen bin. Da ist meine Heimat. Da ist mein Vaterland. Heimat ist kein Ort.... Heimat ist ein Gefühl.*

SHIMO.M

Die Darsteller gehen an ihren Platz zurück und fallen wieder in den Freeze. Ein Signal ertönt. Lichtwechsel.

Moderatorin: *Langsam kommt nicht nur Leben sondern sogar Lachen hier ins Casino. Aber auch das ist noch nicht von Dauer. Also helfen Sie uns weiterhin und drücken Sie den Buzzer!*

Reboot the system: Wenn ein Zuschauer den Buzzer drückt ist ein Signal zu hören, ein Darsteller wird lebendig und tritt an die Rampe. Lichtwechsel.

Darsteller 6: *Lieber Freund,*

Ich habe einmal einen Text gelesen, dessen Autor, seine Identität und seine Ideologie mir nicht bekannt war. Dabei bin ich auf drei Wörter aufmerksam geworden:

»Freies solidarisches Europa.«

Diese drei Wörter haben mein Leben vor meinen Augen vorbeiziehen lassen. Es gibt so viele Begriffe, wie zum Beispiel ›Demokratie‹, ›Grundgesetz‹, ›Freiheit‹, ›Liebe‹, ›Arbeit‹, ›Hass‹, ›Armut‹ und so weiter über die man lange schreiben kann. Wenn aber ein jeder wie dieser Schriftsteller denkt, und sich für Menschlichkeit, Freiheit und Solidarität einsetzt, dann ist eine Welt voller Solidarität und Freude möglich. Eine Welt, in der die Menschen sich nicht unwürdig und mit Hass begegnen, sich nicht gegenseitig beleidigen, sondern sich menschlich und mit Freude begegnen.

Das alles habe ich in Deutschland erlebt. Die Deutschen sind mir sehr freundlich begegnet. Die Deutschen haben mir Freude gegeben. Den Deutschen ist es egal, welche Hautfarbe ich habe oder welche Sprache ich spreche. Die Deutschen haben verstanden, dass wir Schutz und Geborgenheit brauchen. JA, ich sage es ganz offen: Das alles habe ich am eigenen Leib in Deutschland von den Deutschen erlebt. Es ist mir eine Ehre, unter solchen Menschen zu sein, die nicht nur reden, sondern auch Taten zeigen, in deren Kultur Lügen keinen Platz haben und bei denen alles ordentlich und mit Plan vorgeht.

FÜR MICH…

… ein Ort in meinem Herzen, an dem ich gerne wäre.

Alwine, ♀, *1977, Deutschland

• meine Familie
• dort wo ich lieben kann und geliebt werde

Piroska, ♀, *1953, Schweiz, zugezogen (Flüchtling)

Most important for me is the accompaniment of people I will be living with. I dream to live in a special place where the neighbours have a big level of moral and where I can find myself easily interacting with them. It will be so nice and quiet and for sure so lovely – a place where I can raise my children in a good environment. They will grow up and learn and the atmosphere will be so beautiful. You can find the love and respect everywhere around. When I was young, about fifteen years old, we had a class called ›National Education‹ where they told us about the traditional libanese life in the cities and on the countryside. There has been a good neighbourhood where everyone loved each other and helped each other. So if someone wanted to build a new house or to regain the old one he didn't have to hire workers because there have been a lot of neighbours who did help him. Also if a fire happened in a place you saw all the neighbours participating to extinguish it. Where women meet to prepare the food and where men meet in the café to play their best games. And of course both will go into long conversation.

Akram, ♂, *1994, Jordanien

Sie nehmen ihre Verantwortung ernst, für sich, für andere Menschen und für die Umwelt.
Das ist das Deutschland, das ich erlebe.
Herzliche Grüße,
dein Freund.

Der Darsteller geht an seinen Platz zurück und fällt wieder in den Freeze. Ein Signal ertönt. Lichtwechsel.

Moderatorin: (Ruft die Darsteller*innen bei ihrem Namen an, diese reagieren aber nicht) *Nein, keine Reaktion. Meine Damen und Herren, dies ist nun unser endgültig letzter Versuch. Und Ihre letzte Chance, etwas Weltbewegendes zu tun – zumindest für heute....*

Reboot the system: Wenn ein Zuschauer den Buzzer drückt ist ein Signal zu hören, ein Darsteller wird lebendig und tritt an die Rampe. Lichtwechsel.

Darsteller 7: *Überall Zäune, überall Zäune. Zwischen den Völkern, zwischen den Staaten. Zwischen den Frommen, den Nahen und Fernen. Zäune aus Angst und Mauern aus Macht. Wir, die wir jung sind, fragen die Alten: Ist denn die Welt nur für Zäune gedacht? Wer reicht uns die Hand übern Zaun? Wer hilft und hinüber? Oder noch lieber: Wer hilft uns, den Zaun abzubaun?*

Darsteller beginnt den Song ›Imagine‹ von John Lennon improvisiert zu singen. Langsam lösen sich die anderen Darsteller*innen aus dem Freeze, treten nach vorne und fallen – jeder in seiner Stimmlage – in das Lied mit ein.

Alle: *You may say I'm a dreamer, but I'm not the only one. I hope some day you'll join us...*

Das Licht faded langsam aus. ¶

Szenenentwurf und Moderatorentexte: Sabine Paas

HEIMAT IST

FÜR MICH…

… kein Ort. Heimat ist dort, wo ich mich mit Menschen und Gedanken verbinden kann und verbunden fühle. Heimat ist da, wo ich in Freiheit leben und glauben kann. »Betrachtet einander nicht als Freunde – ihr seid die Früchte eines Baumes und die Blätter eines Zweiges.« Bahá'u'lláh

Sylvia, 🚺, *1963, Deutschland

… die ganze Welt, egal wo ich bin. Ich erinnere mich an ein Zitat von Bahá'u'lláh, dem Stifter der Bahai-Religion: »Es rühme nicht, wer sein Vaterland liebt, sondern wer die ganze Welt liebt. Die Erde ist nur ein Land und alle Menschen seine Bürger.«

Afshin, 🚹, *1971, Deutschland/Iran

… mit Freunden zusammen zu sein, zu lachen und Gemeinschaft spüren.

Johannes, 🚹, *1990, Deutschland

- Familia, Friends, Food
- $\sum$ = 3Fs

Joaõ, 🚹, Portugal

Performances von Olga Drachuk-Meyer an geeigneten Orten auf dem Gelände.

Nach wie vor sehe ich meine Performances als Symbol des immerwährenden, dagebliebenen Leidens, Schmerzens und würde somit die Aktionen von den Teilnehmenden auf dieser Ebene begleiten. Somit ist die Performance ständig im Hintergrund präsent, ohne dass sie eine eigene »Station« bekommt, wohin die Zuschauer*innen gezielt geführt werden, sondern sie findet ununterbrochen auf dem Gelände statt und kann jederzeit beobachtet werden, vor allem während der Übergänge von einer zur anderen »Station« von den Teilnehmenden.

Tigerkäfig

Zeitungen, brennende Tonne, die unten vor dem Käfig steht. Die Performerin drinnen im Käfig, die Zeitungen ins Feuer werfend. Dadurch, dass die Zeitungen in die brennende Tonne geworfen werden, wird die Anfeuerung der Konflikte durch die Medien thematisiert; die Situation im Land verändert sich nicht, das Land bleibt isoliert; der Krieg wird für seine mediale Darstellung aufrechterhalten; ein geschlossener Kreis. ¶

Der blaue Bus

Mullbinden, rot, im Bus aufgehängt. Die Figur der Performerin steht für die Ohnmacht der Menschen, die in den Ländern leben, wo Kriege herrschen. Sie bewegen sich nirgends, sie sind gelähmt von der Situation in ihrem Zuhause; sie können sich nicht mit den Folgen der Kriege abfinden; sie sind machtlos. ¶

Garderobe

Lautsprecher, die auf verschiedenen Ebenen stehen, über die die Reden von den Autokraten der Gegenwart übertragen werden. Diese werden aufeinandergelegt, sodass eine Kakophonie entsteht; Das Zerhacken der Kohlköpfe mit der Axt als Symbol des Protestes gegen die Aussagen, die über die Lautsprecher übertragen werden. ¶

Olga Drachuk-Meyer, 2017 (darynadrachuk@gmail.com)

FÜR MICH...

... ein Ort der Vertrautheit & Freunde, Geborgenheit & der Familie, an den man immer zurückkehren kann.

Andrea, ♀, *1981, Deutschland

Mohamod: ...ist alles. Denn wenn ich darüber nachdenke, tut mir das weh. Aber ich bin hier nicht alleine!
Philippa: ...ist für mich sehr viel. Es sind Orte wie mein Zuhause; Wege, die ich immer wieder gehe, der Rhein und die Natur, aber auch die Wolken neben der Sonne. Vor allem aber gehören dazu Menschen, die ich liebe. Und dazu gehören seit einem Jahr auch zwei junge syrische Männer, von denen ich viel gelernt habe, viel auch über ihr Verständnis von Familie...

Mohamod & Philippa, ♂, 1993, Syrien &
♀, *1964, Deutschland

... Freiheit und mein Garten und Freiheit und liebe Menschen und Freiheit

Christoph, Geschlecht »unerheblich«,
*1963, Deutschland

Ein Hörraum. Großer leerer Raum mit spärlicher Beleuchtung, so dass gutes Zuhören möglich ist.

Heimatklänge

Klanginstallation von Elsa Weiland

Elsa Weiland befragte die Teilnehmer*innen des Projektes, welche Geräusche bei ihnen heimatliche Gefühle auslösen. Benannt wurden dabei: Meeresrauschen, Blätterrauschen im Wind, Vogelzwitschern, Regen, Türquietschen, Hunde, die über einen Parkett-Fußboden laufen, Uhrenticken, Lachen, das Öffnen einer Coladose, Radio, Zug, der über einen Bahnübergang fährt, Rasenmäher, Schnarchen, das Geräusch von Schlangen, Sirenen, Schritte auf der Treppe, Föhn, Zugdurchsage, explodierendes Flugzeug, Herzschlag, Taubengurren, Grillenzirpen, Papageien, Esel, Hundebellen, meckernde Ziegen, ein kaputtes Auto, ein Tamburin. Die benannten Geräusche fügte sie auf mehreren Ebenen und auf drei Kanälen zu einer etwa zehnminütigen Klang-Collage zusammen. Weitere Informationen unter: elsa.weiland@gmx.net. ¶

Die beiden Näherinnen

Zwei Frauen, ein Sprecher. Es sind Geräusche von zwei Nähmaschinen zu hören.

Sprecher: *Die beiden Schwestern A und B arbeiten in Heimarbeit oder in einer Manufaktur. Sie nähen Fahnen.*

A: *Ach nein!*

B: *Oh, doch!*

A: *Erinnerst Du dich an die Straße?*

B: *Was für eine Straße?*

FÜR MICH…

»Es rühme nicht, wer sein Vaterland liebt, sondern wer die ganze Welt liebt. Die Erde ist nur ein Land und alle Menschen seine Bürger.« Bahá'u'lláh

Hugo, 🚹, *1948, Deutschland

Die Erde ist unsere Heimat und wir sind ihre Bürger!

Homid, 🚹, *1972, Erde

Mein Heimatland war sehr schön und früher sahen die Städte super aus. Aber ich fühle mich sehr traurig. Ich kann nicht über mein Heimatland nachdenken. Das Land war für mich und die anderen Leute unser Leben. Ich habe mir gewünscht, dass ich am Strand leben kann. Da war wirklich schöne Natur.

Slo, 🚹, *1996, Syrien

… Köln, der Mischmasch von Menschen, Gebäuden, der Rhein, die Kirchen, das Fahren mit der Fähre von Zündorf nach Langel und dabei das Siebengebirge sehen…

Aja, 🚺, *1953, Deutschland

- Meine Freunde,
- angenommen werden
- Geborgenheit
- ein Zuhause

Raphael, 🚹, *1987, Deutschland

A: *Na unsere Straße mit dem Kopfsteinpflaster. Die Straße – wenn Sommer war kam der Eiswagen. Manchmal.*

B: *Ach was, da kam kein Eiswagen, das war nicht bei uns.*

A: *Die Autos waren orange oder gelb oder grün, wie frische Erbsen.*

B: *Kann sein, ist lang vorbei.*

A: *Ich erinnere mich an einen nachtblauen Fiat, er stand meistens da an der Treppe. Gehörte einer Frau mit einem Hund.*

B: *Die Frau mit dem Mischling, der immer auf dem Beifahrersitz Platz nahm?*

A: *Ja, Herold.*

B: *Herold? Ich denke er hieß Harald.*

A: *Nein, Herold. Er mochte Eis.*

B: *Lass uns anfangen, die alten Zeiten sind vorbei. Bin froh, dass es vorbei ist, das stinkige Zeitalter. Alle Leute rauchten und Musik gab es nur aus dem Radio.*

A: (sehnsüchtig) *Ja, alle Leute rauchten.*

Die Geschwister beginnen zu arbeiten, nähen kleine Stoffbahnen zu Fahnen.

A: *Hast Du's gehört?*

B: *Was soll ich gehört haben?*

A: *Ach, nein?*

B: *Oh doch!*

A: *Es gibt neuen Stoff.*

B: *Und wie ist er?*

A: *Wer?*

B: *Na der Stoff, der Stoff natürlich.*

A: *Der Stoff? Phhh... Weiß ich, wird sein wie immer.*

B: *Früher war er besser.*

A: *Früher war früher, vielleicht waren wir auch besser.*

B: *Ach was, nur jünger und dümmer.*

A: *Weißt du, was ich noch einmal möchte?*

B: *Keine Ahnung. Kommt sie jetzt die große Romantik, wie schön es war damals? Die dicke rosa Wolke, der Milchkaffee, umkränzt von der Schlagsahnenhose mit Bügelfalte!*

A: *(etwas beleidigt) ...*

B: *Nun schwärm schon. Los!*

A: *Ich möchte noch einmal das Marmeladenbrot, das wir mit nach unten nahmen und aßen, auf der Straße.*

B: *Ich mochte am liebsten Brombeer.*

A: *Ich Erdbeer oder Rübenkraut oder Himbeer.*

B: *Kannst du dir doch schmieren wenn's so lecker war?*

A: *Ohne die Straße?*

B: *Die Straße, die Straße, wenn wir hier nicht bald was fertig kriegen, sitzen wir demnächst auf der Straße.*

FÜR MICH…

- Sicherheit
- Kaffee am Morgen
- Freunde
- Routinen im Alltag
- Orientierung

Matthias, ♂, *1985, Deutschland

- Freunde
- geliebt zu werden und lieben zu können
- eine Aufgabe zu haben
- mein neues Sofa
- sicher fühlen
- jemand, der auf mich wartet

Sarah, ♀, *1988, Deutschland

… der Ort, an dem ich geboren bin und wo ich lebe. Köln ist meine Heimat. Hier leben viele Nationen zusammen, hier wird man nicht unterdrückt, hier ist man frei und tolerant. Hier gibt es Frieden. Die »Kölner« halten zusammen und stellen sich gegen »rechtes« Gedankengut. Rassismus hat hier keine Chance. Deshalb fühle ich mich hier wohl.

Sabine, ♀, *1956, Deutschland

… jeder Ort, an dem man sich wohl fühlt. Dort, wo ich Freunde und Verwandte habe. Dort, wo ich mit Menschen in einer Sprache, die ich spreche, kommunizieren kann und Freundschaften schließen kann.

Unbekannt

Beide beginnen erneut zu arbeiten, setzen Stoffstreifen an Stoffstreifen.

A: *Ach, nein!*

B: *Oh doch!*

A: *Wir können nicht zurück auf die Straße, obwohl sie ja da ist.*

B: *Natürlich ist sie noch da.*

A: *Aber es ist nicht mehr unsere Straße.*

B: *Selbstverständlich ist es unsere Straße.*

A: *Nein. Man muss dafür kurze Kleidchen anhaben, eine Schürfwunde am Ellbogen haben und Gummitwist springen.*

B: *Du meinst wir haben die Straße verloren, wie die Kindheit – durch die Zeit?*

A: *Nein, die Straße gehört den Jungen. Uns gehören die Geschichten und die Bilder und die Gerüche. Der Geschmack von Brombeer. – Herold ist damals gestorben, weil er zu fett wurde.*

B: *Ach ja Herold, der Mischling auf dem Autositz. Hat vielleicht zu viel Eis gegessen.* ¶

Axel Kreiser

FÜR MICH...

- Lieben und geliebt werden
- Hügel und plätscherndes Wasser, Natur
- Freunde und Familie
- Gebraucht und erwartet werden
- Nirgendwo so ganz
- Ein Ideal
- Leckeres Essen
- Umarmung

Unbekannt, 🚹, *1980

- Familie
- Erinnerungen an meine Kindheit und Jugend
- Geborgenheit
- Ein Ort, an dem ich mit geschlossenen Augen meinen Weg finde
- Liebe
- Ein Platz, wo ich mich wohl fühle
- Freunde
- Leben

Peter, 🚹, *1965, Deutschland

... etwas, worüber ich mir bisher nie wirklich Gedanken gemacht habe. Als erstes fallen mir meine Freunde und meine Familie ein. Dann Musik bzw. das Gefühl, was man bei guten Menschen hat. Alles in allem glaube ich, das Heimat überall dort ist, wo ich mich willkommen und frei fühle so zu sein, wie ich bin.

Julius, 🚹, *1993, Deutschland

9. HEIMATSTREIT

Zwei Personen. Überall auf dem Gelände

Zwei Personen wählen sich jeweils aus den nebenstehenden Texten ›Heimat ist für mich...‹ jeweils einen Satz. Sie begegnen sich zunächst freundlich und geraten dann über ihre unterschiedliche Heimatvorstellung – deren Grundlage der gewählte Satz ist – in heftigen Streit. Einer lenkt dann ein und sie beschließen sich gegenseitig ihre ›Heimat‹ vorzustellen. Die Aktion kann zu jeder Zeit durchgeführt werden. ¶

FÜR MICH...

... meine Familie. Dabei ist ganz unwichtig, dass meine Familie nicht bei mir lebt. Immer wenn ich sie besuche fühle ich mich geerdet und angekommen! Heimat im weiteren Sinne ist für mich aber auch ein Ort, an dem ich mich wohl fühle und wo ich gerne bin und wieder hinkomme. Heimat ist ein Gefühl der tiefen Zufriedenheit.

Antje, ♀, *1973, Deutschland

- Freiheit
- Familie + Freunde zu haben
- Liebe + Freundschaft zu erfahren
- Djonam ♥
- kein Stress
- kein Druck
- keine Klassengesellschaft

Natalie, ♀, *1989, Deutschland

... der Ort, an dem ich mich wohl fühle und geborgen.

Unbekannt

10. ABSCHLUSSGESANG DER VIELEN

Ort: Lagerfeuer an einem geeigneten Ort. Darsteller*innen und Zuschauer kommen zusammen. Die Darsteller*innen bilden einen Kreis um das Feuer und performen untenstehenden Texte als Sprechgesang – rhythmisch angelehnt an ›Is mir egal‹ von Kazim Akboga

Vielen Dank, vielen Dank, vielen Dank, vielen Dank.
Ich bin syrisch – vielen Dank.
Ich bin kurdisch – vielen Dank.
Bin jesidisch – vielen Dank.
Ich irakisch – vielen Dank.
Komm aus Deutschland – vielen Dank.
Ich bin spanisch – vielen Dank.
Bin tunesisch – vielen Dank.
Und ich griechisch – vielen Dank.
Bin iranisch – vielen Dank
Ukrainisch – vielen Dank
Mama Merkel – vielen Dank.
Mann und Frau – vielen Dank.
Allen Deutschen – vielen Dank.
Willkommen, willkommen, willkommen, willkommen.
Hier in Deutschland – willkommen.
He in Kölle – willkommen.
Vielen Dank, vielen Dank.
Badi aschkor ana ktier...
Mama Merkel altakdir..
Anda galb ktir kbir...
Dank auch dir – vielen Dank.
Den Besuchern – vielen Dank.

Abruptes Ende.
Ein Moment der Stille.
Alle verbeugen sich.
Applaus. ¶

credits.

Sommerblut Kulturfestival e.V. dankt

LEITUNG

- *Künstlerische Leitung und Regie:* Gregor Leschig
- *Idee & Grundkonzept:* Moritz Heitmeier, John Berkemeyer
- *Projektkoordination:* Maria Llabrés
- *Projektassistenz:* Nicole Patt, Alexandra Vavelidou
- *Coaching, Stückentwicklung:* Sabine Paas, Ann Peters
- *Bühnenbild:* Eva Sauermann
- *Kostümbild:* Jennifer Henkel
- *Technische Leitung:* Gerd Weidig
- *Performance:* Daryna Olga Drachuk
- *Soundgestaltung Hörraum:* Elsa Weiland
- *Produktion:* Rolf Emmerich, Sommerblut Kulturfestival e.V.

MITWIRKENDE

Saaid Alhalak, Hussein Khalil, Sieno Saado,
Taher Majidi, Olga Daryna Drachuk, Maria Schneider,
Majed Chamchikh, Majd Alkhouri, Majed Shik Hassan,
Mourtado Slo, Ayham Kashkash, Yaorub Jabrur,
Nicole Patt, Sleman, Alexandra Vavelido, Masod Fatho,
Pejman Khaledi Hassanabadi, Reza Mansouri

UNTERSTÜTZT VON

- *Gymnasium Kreuzgasse Köln:* Dr. Daniela Stegegast, Nina Meuser, Robert Blieding
- *Theaterakademie Köln:* Robert Christott
- *Freistaat für Kunst und Kultur Odonien:* Odo Rumpf, Anke Dieterle
- *Bürgerzentrum Stollwerck Köln:* Beate Schneider, Klaus Wyschka
- *Invia Köln:* Petra Kosberg
- *Diakonie Köln:* Editha Schack

GEFÖRDERT VON

- Ministerium für Familie, Kinder, Jugend, Kultur und Sport des Landes Nordrhein-Westfalen
- Rheinenergie Stiftung Kultur
- Kulturstiftung Matrong
- NRW-Stiftung
- Aktion Neue Nachbarn der Erzdiözese Köln
- KNDM – Immobilienverwaltung

PLANET HEIMAT

KOMMEN WIR DAHER?

ODER GEHEN WIR DAHIN?